普天之下・盡是好書

普天 出版家族
Popular Press Family

凌雲 A-Plus Creative Company 文創

自信的你，一定能改寫自己的命運

Chang Your Mind

蘇聯有句諺語說：「不打碎雞蛋，就做不成蛋糕。」
的確，在快速變化的人生旅途中，
或許你的腦海不時浮現一些自認為非常棒的想法，
但是，如果不懂得順應環境，不懂得適時修正自己的思路，
那麼可能就永遠找不到自己的人生出路。

充滿自信你就是自己的幸運之神

古羅馬思想家塞涅卡曾經寫道：「不是因爲某些事情難以做到我們才失去信心，而是因爲我們缺乏信心，才會使某些事情難做到。」

人必須賞識自己，對自己充滿信心，把恐懼、畏縮、自卑‥‥等等壓迫自己的負面想法拋棄。自信的神奇之處就在於，你嘗著改變自己的同時，事情也會奇妙地朝著你的願望改變。

出版序

自信的你，一定能改寫命運

每個人身上都有獨特的才華，必須充滿信心，將自己身上的才能發揮到極致，突破生命中的各種難題。

文藝復興時代的詩人但丁曾經說過：「能夠使我漂浮於人生的泥沼中，而不致墮落的，是我的自信心。」

人生的最終價值，在於是否活得自信自在。每個人身上都有著獨特的才華，不管順境或逆境，都必須充滿信心，將自己身上的才能發揮到極致，才能保持積極樂觀的態度，突破生命中的各種難題。

碰上了倒楣的事情或不如意的際遇接連不斷，人常常會感到氣餒沮喪，同時心裡也會浮現正面與負面的想法。

正面的想法是認眞思索如何改變自己眼前的生活，爲自己找到新的出口，至於負面的想法則是找出各種藉口，怪社會，怪環境，最後怪罪週遭的人，內心充滿負面、消極的情緒。

很遺憾的，大多數陷在困境裡的人選擇了後者。

很多時候，人並不是不知道自己應該做什麼、應該怎麼做，而是打從心裡不想去做，於是，開始編織藉口自欺欺人。

有些人經常在抱怨。抱怨別人不體諒他，抱怨自己不得志，抱怨這個世界不公平，抱怨人生不順遂。

然而，這樣一味怨天尤人的人，眞的不知道要如何去改變自己的現況嗎？不，他們比誰都清楚，但就是不肯面對現實。

一個學小提琴的年輕人，因為抑鬱不得志，只好站在街頭演奏，期望路過的人欣賞他，而後在他的琴盒裡投入零錢。雖然他不以乞丐自居，但事實上他的行徑也和乞丐差不多了。

有一天，他在一家高級餐廳不遠處的路口，拉起了他的小提琴。過路的行人來來往往，但總是匆匆擦身的多，停駐聆聽的少，更不用說肯從口袋裡掏出錢來資助的人了，他的收入幾近於零。

他閉著眼睛拉著琴，想起自己的遭遇，忍不住悲從中來，熱淚盈眶。

奏完一曲，他張開眼睛，發現前方站了一位年紀頗大的長者。

那個老人說：「年輕人，你的演奏很動人，你有這樣的天賦，不應該在這裡乞討度日。」

他覺得這個老人看起來很眼熟，立刻想起自己曾經在報紙上看過這個人的面容。他就是石油大王洛克菲勒，全美國最富有的幾個人之一。

年輕人忍不住張口結舌地說：「您是……洛克菲勒先生？」

老人笑著說：「你好，我是洛克菲勒，一個靠搬運油桶為生的老頭。」說完，從口袋裡掏出一張紙鈔交給他。

紙鈔中夾雜了一枚硬幣，隨著老人掏錢的動作掉了出來，一路滾到了水溝旁才停了下來。

年輕人看了看硬幣一眼，本想撲過去撿，但又覺得這樣的舉動好像太失禮也太沒有面子，於是便假裝不在意的樣子。沒想到，他沒有行動，反倒是洛克菲勒先動了。只見洛克菲勒慢條斯理地走過去將硬幣撿了起來，而後還謹慎地將硬幣上的土灰擦去。

看到洛克菲勒的舉動，他驚異極了，一時間脫口而出：「洛克菲勒先生，要是我像你那麼有錢的話，大概就不會在乎那一毛錢了。」

洛克菲勒將手上的硬幣放回口袋裡，而後丟了一句：「也許，這就是你現在會靠乞討為生的原因吧。」便轉身離開了。

他楞了好一會，猛然醒覺時，洛克菲勒已經走進一大段路了。他連忙追上前去，氣喘吁吁地請洛克菲勒停步。

他說：「洛克菲勒先生，我想請求您，請讓我用這張紙鈔跟您交換剛才那枚硬幣，好嗎？」那張自從洛克菲勒給他以後，一直被他緊緊握在手中的紙鈔，有一點發縐了。

洛克菲勒深深地看了他一眼，而後同意了這項交換，離去前還拍了拍他的肩。而他，看著那枚硬幣在星夜下閃著光芒，終於下定了一個決心。

幾年後，洛克菲勒受邀參加一場音樂演奏會，演奏會結束之後，樂團裡的小提琴手來到他面前。

小提琴手對他說：「洛克菲勒先生，請問您還記得這枚硬幣嗎？」說完，小心翼翼地從胸前的口袋裡，取出一枚擦拭得晶亮的硬幣。

洛克菲勒見狀，開心大笑著說：「我當然記得，那可是我花出去最有價值的一枚硬幣呢！」

遭遇失敗、挫折、痛苦的時候，與其怪罪環境，不如調整自己的心境。

生命是由一長串喜悅與悲傷、幸運與不幸、希望與失望交織而的，想要心想事成，首先就必須試著改變面對環境的心情。

古往今來，絕大多數名人賢士都是苦過來的，他們的經驗和現在的我們又有多大的差別？他們告訴我們怎麼做就可以超脫困境，怎麼說就可以擺脫困苦；他們提供了許許多多的生活態度與方法。這些態度與方法，我們眞的不知道嗎？那麼，爲什麼不願意做？

說穿了，答案就是現實的困境讓我們痛苦，但要執行那些態度與方法讓我們更痛苦。我們吃不了苦，只好得過且過。

這樣的我們沒有權利抱怨，因爲這景況是自己的選擇。

人生過程當中的順境或逆境，其實都是心境造成的。貝多芬曾經寫道：「在困厄顛沛的困境中，能堅定不移，甚至還感謝這個困境，這就是一個人真正令人欽佩的不凡之處。」

只會自怨自艾的人沒有未來，我們必須強迫自己改變！打從心升起想要改革變新的想望，擁有徹底執行變革的決心，我們才有可能爲自己的未來增添一點正面的改變。

如果你的想法積極，就算身處地獄，也會把它看成天堂，假若你抱持消極的想法，即使身在天堂，也會認爲是在地獄。千萬要記住，一個人思考的角度，可以主宰本身面對事情的態度。

古羅馬思想家塞涅卡曾經寫道：「不是因為某些事情難以做到，我們才失去信心，而是因為我們缺乏信心，才會使某些事情難以做到。」

人必須賞識自己，對自己充滿信心，把恐懼、畏縮、自卑……等等壓迫自己的負面想法拋棄。自信的神奇之處就在於，你嘗試著改變自己的同時，事情也會奇妙地朝著你的願望改變。

本書是作者舊作《改變思路，才會有更好的出路》全新修訂版，謹此說明。

PART—1 別用自卑心理放棄自己

沒有人可以否定你的存在，也沒有人能否定你的價值；多數被否定的人，在他們的心中，其實有很強烈的自我否定。

PART—2

做好準備 就能抓住機會

當命運不如己意的時候，仍要保持一顆平常心，不斷充實自己，如果一個人真有才華，只要能把握機會，必定能夠一鳴驚人。

PART—3

多用腦袋，才不會被淘汰

將尚未來到的資產化為對自己有利的條件，是非常聰明的辦法，但必須努力工作且深思熟慮，以確保「未來」正如同預期。

PART—4

在關鍵時刻讓自己更出色

朗費羅曾說：「我們是以自己有能力做什麼事來評斷自己，但別人卻以我們已經做了哪些事來評斷我們。」

PART—5

用正面的心態面對失敗

「失敗為成功之母」，但這句話的先決條件是：要從失敗中學得經驗並獲得啟發，更重要的是要繼續努力，不就此放棄。

PART——6

消極訊息會讓人失去活力

面對消極負面的訊息時，如果我們能用積極正面的態度去解讀，那麼再多的否定話語，也無法消滅我們的生命活力。

PART—7

積極等待人生的轉捩點

最壞的時候也會是最好的時刻，當人人退縮不前時，只要我們能積極前進，自然能搶得先機。

PART—8

樂觀與悲觀只在轉念之間

悲觀的人總是在開心時忘了如何微笑，而樂觀的人卻總能在不開心時重現笑容。

PART—9

用微笑面對別人的嘲笑

面對別人的嘲笑，輕鬆地自我解嘲比惱羞成怒更能展現我們的包容力和成熟度。

PART—10

成功只有途徑，沒有捷徑

「肯付出，不怕辛苦！」這幾乎是所有成功者踏出第一步後的重要寫照，因為他們堅持相信：「有付出就一定會有收穫！」

Part 1. 別用自卑心理放棄自己

沒有人可以否定你的存在，
也沒有人能否定你的價值；
多數被否定的人，在他們的心中，
其實有很強烈的自我否定。

自信是讓你擺脫自卑的心靈魔法

想要改變自己的自卑傾向，必須先找出自己比別人優秀的獨到之處，生活才不會過得那麼痛苦。

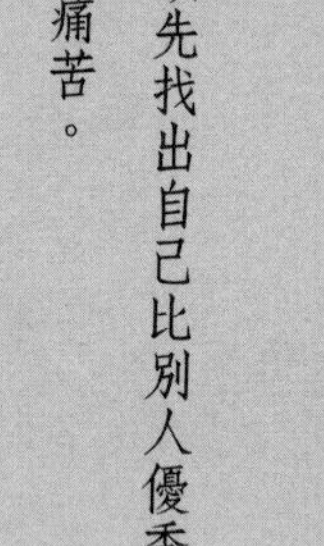

作家費茲傑羅曾經說：「我們該重視的是自己在自己心中的價值，而不是自己在別人心中的地位。」

人之所以會自卑，問題往往出在自己認爲自己在別人眼中一文不值。因此，只要我們相信自己就算眞的是一文不值，也是無人可以取代，那麼在我們的人生字典裡，就只會找得到「自信」，而找不到「自卑」。

肯定自己的獨到之處，你就能找到自己存在的價值，在坦然接受自己的不完美之後，你才能找到超越別人的優點。

美國的種族歧視是長期以來根深柢固的問題，人生而不平等，不是幾句口號或幾次遊行就可以輕易改變的。黑人承受的眼光、遭受的侮辱已經太多，多到連黑人都不由得會懷疑自己的存在價值。

威爾正是一位這樣的黑人孤兒，他自小無父無母，曾經輾轉被人收養了十五次，在他的成長過程中，他只知道自己的名字叫做「孤兒」，自己的身分就叫做「黑鬼」，他幾乎已經忘了自己也有名字，以及自己也可以擁有夢想。

直到長大以後，有一次，他偶然間遇見了教會裡的一位牧師，從此徹底改變了他的人生。

牧師發現這位年輕人心中隱藏著很強烈的自卑感，不但走路時不曾抬頭挺胸，說話時目光也不敢直視別人，總是一副若有所思的模樣，令人不想靠近。因此，牧師主動和他做了朋友，想為威爾解決這個問題。

牧師的善意，威爾當然銘記於心，十分感激，不過，他滿懷自卑地告訴牧師說：「我是一個黑人，是奴隸的子孫，這是改變不了的事實，黑人註定就是要被人看不起的。」

牧師的笑容像春天的陽光一般和煦，他告訴威爾說：「你錯了，黑人也有很優秀的地方。」

威爾的眼睛迷惑地瞇了起來，牧師繼續說：「包括你在內，所有美國黑人的祖先都是來自非洲，你們是非洲所有的子孫中還能在美國繼續生存下來的，所以你應該以自己的血統為榮。如果你們不夠堅強，早就像其他那些弱者一樣，在還沒有離開非洲之前，就死在船上或森林裡了。你們之所以能繼續存活，是因為你們有知識、有才能，又懂得團結合作，這些都是成為一個強者的條件，所以在美國的黑人比任何種族都來得優秀，而且這種優秀的血統會一直流傳下去的。」

威爾點了點頭，有生以來他第一次以身為一個黑人為傲！

他終於找到了自己人生的方向，經過幾年的努力之後，他取得了醫學博士學位，當上了醫生。而且，他完全克服了自卑，因為他知道，除了自己的心態，沒有任何事情可以難得倒他。

想要改變自己的自卑傾向，必須先找出自己比別人優秀的獨到之處，生活才不會過得那麼痛苦。

但是，如果你相信自己是最優秀的，那麼你就大錯特錯了！因爲，事實擺在眼前，明明還有別人比我們優秀，我們又何必欺騙自己，像鴕鳥一樣把頭埋進沙堆，一廂情願地相信自己是最優秀的呢？

應該理性地告訴自己：「我雖然不是最優秀的，但我卻是獨一無二的！」

沒有人能夠和你一模一樣，連你的腳趾頭、手指頭都與眾不同，全世界再也找不出第二個你，因爲你就是唯一的。

找到獨到之處，你就會肯定自我的價值。

相信自己，必能獲得成功

命運掌握在自己手裡，更在於如何看待自己。不論出身多微寒，不論別人如何看待，只要相信自己辦得到，就一定會成功。

你相信算命嗎？你相信人有既定的宿命，而且是在自己出生之時就已經安排好的嗎？或是你認爲生於中下階級的人絕無爬上高位的一天呢？

看看以下的小故事，或許能幫你破除「宿命」或「出身」的迷思，用自信代替自卑，以嶄新的態度面對自己的人生。

有一個黑人小孩出生於紐約的貧民窟裡，從小就和貧民窟裡的孩子們一起玩耍、打鬧，而且受環境的影響，染上了和那些孩子們一樣的種種惡習，諸如打架、罵人、逃學……等等，讓每一個教過他的老師都很傷腦筋。當然，他的同學大多是出生於貧民窟的孩子，也和他一樣滿身惡習。

新學期，學校新來了一位教師，名叫保羅。保羅聽說了這些孩子的「事蹟」後，希望能憑自己的力量矯正他們的惡習，讓他們走上健康成長的道路。

剛開始的時候，保羅只是苦口婆心地勸說這些孩子們，希望他們成為有理想有抱負的人，但這些孩子沒有一個聽得進他的教導，仍和往常一樣打架、逃學、滿嘴髒話。怎樣才能讓這些孩子改掉壞毛病呢？保羅總是為了這件事非常操心。直到在學校裡生活了一段時間後，保羅發現那裡的人非常迷信，於是他想到利用迷信的方式去教育孩子們。

那一天，保羅和往常一樣帶著課本和教材走進教室，可是上課的時間到了，他卻沒有如往常那樣開始講課，反而說：「我知道你們都不想上課，所以今天這節課就不上了。」

孩子們發出一陣歡呼聲。保羅繼續說：「我在讀書的時候，學校的不遠處是一個原始部落，部落裡有一位巫師，當地人遇上任何問題時都會去請巫師占卜。那個巫師還會幫人看手相，那時候我請他為我看手相，他說我以後會成為老師，而我的確也成為老師了。當時，我還跟著巫師學習如何看手相，我學會如何藉著看手相了解每個人的未來，今天我就來幫你們看看手相吧！」

孩子們聽完後十分興奮，又發出一陣歡呼聲。

保羅要孩子們坐好，他才能一個一個為他們看手相。保羅先幫第一排的彼特看，他來到彼特的位置上，拉著他的小手說：「嗯！我看看，這樣啊，你以後一定會成為一個商人，而且會成為一個很成功的商人，先恭喜你喔，彼特。」

看著保羅慈愛的目光，彼特高興地對同伴說：「聽到了嗎？我會成為一個很成功的商人呢！你們快讓老師看看長大後會成為什麼樣的人。」

孩子們看到老師說彼特以後會成為商人，都爭先恐後地讓老師幫自己看手相，而且被看過的孩子都高興極了，因為按照保羅老師的推測，他們的未來都很成功，個個非富即貴。

那個黑人小孩是最後一個，他已經排得很不耐煩了，他好想把手伸出去給老師看手相，可是又怕自己的命不好，因為從小到大都沒有一個人喜歡過他，也沒有一個人說他將來會有出息。

保羅看到那孩子猶豫不決的樣子，一下子就猜出他在擔心什麼了，走到孩子身邊對他說：「每一個孩子都得看手相，你也不能例外。我看手相看得相當準的，從來沒有出現過錯誤推測。」

孩子緊張地看著老師，最終還是把手伸了出去。保羅煞有其事地把那隻髒兮兮的小手仔細翻來覆去研究很久，然後他盯著那孩子，非常認真、非常確信地說：「你好棒喔，你以後一定會成為紐約州州長。」

那個黑人孩子簡直不敢相信自己的耳朵，但他堅信老師說得沒錯，因為老師說他看手相是很準的。他感激地看著老師，並在心中確立了成為州長的信念和目標。從那以後，孩子們打架、逃學的事件一天天地少了，特別是那個黑人孩子變化最大，他改掉了一切壞毛病，就像完全變了一個人似的，因為他把自己當成了州長，他認為州長就該很優秀。

那群孩子長大以後，真的有不少人成為富翁或名貴之士。而那個黑人小孩也的確在五十一歲時成為紐約州第五十三任州長，並且是美國歷史上第一位黑人州長，他就是羅傑·羅爾斯。

我們常常說「命運掌握在自己手裡」，看完這個故事，我們更應該說：命運不但掌握在自己手裡，更在於我們自己如何看待自己。

人的一生就像是一趟乘風破浪的海上之旅，千萬要記住法國啓蒙思想家盧梭的叮嚀：「當心啊，年輕的舵手，別讓你的纜繩鬆了，別讓你的船錨動搖，不要在你還沒發覺以前，船就漂走了。」

如果我們相信自己終有成功的一天，那麼不論歷經多少困難與挑戰，我們仍然可以一步步向我們的目標邁進；就像貧民窟長大的羅傑·羅爾斯堅信自己眞能成爲州長一樣。所以，不論出身是多麼微寒、不論別人如何看待，只要相信自己辦得到，就一定會成功。

別用自卑心理放棄自己

沒有人可以否定你的存在，也沒有人能否定你的價值；多數被否定的人，在他們的心中，其實有很強烈的自我否定。

蘇聯作家奧斯特洛夫斯基曾經寫道：「人的生命似洪水在奔流，不遇著島嶼和暗礁，難以激起美麗的浪花。」

一個人之所以會走投無路，或是陷入絕境，很多時候都是充滿自卑心理，他早已放棄自己，接著，別人才會放棄他。

有個男孩得了小兒麻痺，由於當地醫療太過落後，後來雖然康復了，但男孩的腿也瘸了，從此他的人生走得比任何人都辛苦。

需要被照顧的男孩，在人們憐憫、嘲笑與冷漠的異樣眼光中成長，內心充滿矛盾與自卑。

這個當年不斷被身體殘缺所擊敗的男孩，名叫羅斯福。後來，他突破自卑，奮鬥不懈，反而成為美國人民的精神指標。

心理學家阿德勒也如羅斯福一樣。童年的阿德勒在富足的環境中成長，但是他一直都鬱鬱寡歡，因為他從小便是個駝子。

行動不便，還經常被人恥笑，使得阿德勒從小便與世界隔離。自我封閉的結果，令他不斷地拉開與別人之間的距離。

但是，即使長期生活在與眾不同的環境中，阿德勒與羅斯福一樣，都沒有因為缺陷，而失去生命的價值，他們的成功反而更為亮眼。

阿德勒在《自卑與超越》中寫下：「成功者離不開自信，因為他們才能在自信的驅使下，走出自卑的陰影，努力為自己尋找更高更遠的理想目標，用以補償他們生命中的缺陷。」

派克醫師也說：「當我們能夠接受人生的困難時，將不再耿耿於懷，人生也會變得多彩多姿而不是多災多難。」

就如羅斯福和阿德勒一樣，能用自信代替自卑，從自卑、逆境中走出來的人，生命的活力特別亮眼驚人。

沒有人可以否定你的存在，也沒有人能否定你的價值；多數被否定的人，在他們的心中，其實有很強烈的自我否定。

相信自己，比卑微地期望別人的肯定來得重要；自己站起來，比倚賴別人的扶持更爲可靠。如果無法戰勝自卑，再多的外在肯定也沒用，我們仍然會囚在自設的牢籠中。

讀懂人性，就能成功

人性有黑暗的一面，也有光明的一面；有貪婪殘酷的一面，更有慷慨仁慈的一面；有時複雜得難以想像，有時卻又簡單得讓人嚇一跳。

著名的國際投機金融家索羅斯曾經這麼說：「在知識經濟的新時代，知識就是財富，就是潛在的生產力。」

在某些人眼中，多次掀起經濟風暴的索羅斯雖然被視爲惡名昭彰的「金融大盜」，但是，他說的這番話仍有一定的道理。

在知識經濟的時代，想要成功，一定得具備知識這種潛在的生產力，尤其是洞悉人性的知識。

因爲，只要你讀懂人性，就會對自己充滿信心，比別人更快速成功。

時至二十一世紀，現今人類最寶貴的資產不再是金銀珠寶等有形的財富，而是懂得如何看透人類心理，進而創造屬於自己的機會與名聲，一旦能打響自己的名號，那麼離成功也就不遠了。

毛姆是英國的著名作家，著有《人性的枷鎖》等有名的長篇小說，此外，他的短篇小說也目當膾炙人口。可是，應該很少人知道，這位大作家在成名之前生活十分艱難，常常得餓著肚子寫作。

有一天，快到山窮水盡地步的毛姆來到一家廣告公司，並對廣告部的主任說：「先生，請您幫我一把吧！我想推銷我的小說，請您幫忙在各大報紙上刊登這則廣告。」

「各大報紙？」廣告部主任瞪大了眼睛以疑的眼光打量他：「毛姆先生，你有錢來付廣告費用嗎？」

「有，這則廣告刊登後，我的書肯定會暢銷，如果您願意先幫我墊付廣告費用，我一定加倍還您。」毛姆自信地說。

廣告主任起先起還不相信，但在毛姆遞上自己擬好的廣告詞後，立即一拍桌子：「好，這主意棒極了，我願意幫你！」

第二天，各大報同時登出一則引人注目的徵婚啟事，上頭寫著：「本人喜歡音樂和運動，是個年輕而有教養的百萬富翁，希望能和毛姆小說中的女主角完全一樣的女性結婚。」

女性讀者們看到這則廣告後，馬上飛奔到書店搶購毛姆的小說，回到家更是閉門苦讀，努力將自己培養成如小說中的女主角一般；男性讀者也爭相搶購，目的是想研究女性心理，並防範自己的女友投進富翁的懷抱。

短短幾天內，毛姆的小說就被搶購一空，他也因而一舉成名，這則徵婚啟事不但幫他脫離了貧困的生活，也為自己和自己的作品打響名聲。

毛姆這個辦法令男性與女性讀者都對他的小說充滿好奇、爭先恐後地搶購，令人不得不讚嘆他善於利用人性，並爲自己做了最好的廣告。

事實上，身爲《人性的枷鎖》這本書的作者，他能夠掌握大部份人共通的心理並不令人意外，畢竟一位成功的小說家，之所以能將小說中的人物寫得栩栩如生，一定是平常就對「人」有仔細的觀察，對「人性」有深刻的理解。

人性有黑暗的一面，也有光明的一面；有貪婪殘酷的一面，更有慷慨仁慈的一面；有時複雜得難以想像，有時卻又簡單得讓人嚇一跳。

正因爲人性是如此多變又難以捉摸，所以想洞悉人性實在不是件容易的事。不過，若能在日常生活中仔細觀察周遭的人物，終有一天一定能看透衆生的喜怒哀樂，進而掌握人性的共通點，相信到那時，你一定可以像毛姆一樣成功。

懂得創造機會的人才是最後的贏家

在別人不會在意的地方仔細留意，並進一步將從中發現的創意實踐在日常生活應用當中，這就是成功的秘訣。

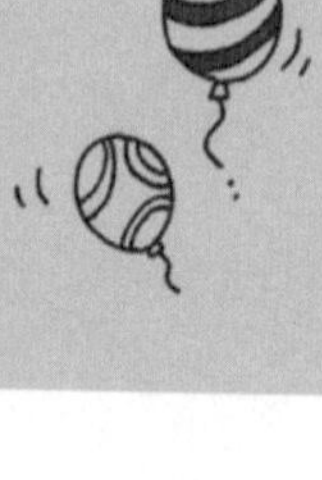

成功學大師卡耐基曾說：「沒有人沒碰過好機會，只是沒有抓住它。」

其實，成功與失敗的區別就在於消極的人不懂得抓住機會，積極的人善於掌握機會。事實證明，只要能抓住眼前機會的人，即便原本是一個被人瞧不起的失敗者，也會搖身一變，成爲衆人爭相追隨的成功者。

當你在工作環境中發現一堆又刺人又惱人的荊棘叢時，你會怎麼做？是連忙去拿刀子與斧頭除掉它們？或是點一把火將荊棘叢燒得乾乾淨淨？

且慢，我們不妨先來看看故事裡的這位主角在荊棘叢中發現了什麼，也許你也會發現身邊的無用之物中其實埋藏了無價之寶喔！

美國加利福尼亞州有一個名叫約瑟夫的孩子，小學畢業後由於家中經濟困難，無法繼續唸書，只好去幫別人放羊。

約瑟夫非常喜歡讀書，經常因為放羊時埋頭苦讀，而未發現羊群撞倒柵欄跑到附近的農田裡毀壞莊稼，因此經常受到老闆責罵，於是約瑟夫決心找到一種能夠防止羊群衝出柵欄的方法。

原來的柵欄只是在木條上繫上繩索，所以羊群能夠輕易地撞破柵欄跑出去，不過，他無意中發現有一面柵欄不會被羊群撞倒。經過細心觀察，他發現原來那裡生長著一大片荊棘。

約瑟夫心想，如果能善用，不就可以防止羊群跑出去了嗎？於是就種了一些荊棘來做柵欄，果然解決了羊群亂跑的問題，他也就可以放心去讀書了。

但過了一段時間後，約瑟夫又覺得要在幾十公里的範圍種植荊棘實在太費事費時了，於是另外想出了一個好辦法：用鐵絲代替繩索做成柵欄，再用許多短鐵絲做成鐵荊棘繫在柵欄上。如此就不必真的種植荊棘了，而且效果也十分理想。

就這樣，約瑟夫發明了帶有鐵荊棘的柵欄，並受到了大人們的讚揚。

約瑟夫並沒有就此罷手，他還向別人借了一筆錢，開了一家小工廠，專門生產這種「不需要看守羊群」的鐵柵欄。後來，他又加以改進，將兩根鐵絲扭在一起後，再將一根鐵絲夾在當中，如此一來鐵柵欄就更加牢固了。

這種產品進入市場後，大受國內用戶的歡迎，因為這項產品不但可以防止羊群跑出去，一般家庭還可以用來防盜，甚至在戰爭中，軍隊也能用來當作阻擋敵人的防禦網。

約瑟夫先後在本國和其他許多國家取得了發明專利權，這位「牧羊的孩子」也搖身一變，成為坐擁巨額財富的大富翁。

被譽爲「鄉村聖人」的美國作家約翰．巴勒斯在《醒來的森林》裡曾經這麼寫道：「機會似乎是很誘人的，事實上有很多遙不可及和美好的事物都是騙人的。最好的機會就在你的身邊。」

的確，機會就在我們的身邊，發現並且活用它的人成了人人稱羨的成功者，毫不留意它存在卻一味埋怨的人，自然只能當失敗者了。

約瑟夫沒有傲人的學歷與家世背景，也不像電影經常出的情節，在深山古墓中挖到大量的寶藏，反而卻是在荊棘叢裡「發現」了讓他一輩子享用不盡的財富，這是不是足夠令我們大吃一驚呢？

然而，他的成功絕對不是偶然的，畢竟我們當中有多少人能在不起眼的地方，甚至是惱人的荊棘叢中，發現足以改變自己一生的創意或理念呢？

約瑟夫在別人不會在意的地方仔細留意，並進一步將從中發現的創意實踐在日常生活應用當中，這就是他成功的秘訣，也是最值得我們學習之處。

每個缺點都有獨特的價值

花點心思，身上的缺點也能變成獨特的優點，就像藝術家們一般，創作出與眾不同、完美無缺的驚世之作。

當你充滿自信的時候就會發現，別人其實沒比你想的那麼優；當你不再自卑的時候就會發現，你其實沒你想的那麼差。

最堅強的人，是以寬容的態度面對自己缺點的人，至於懦弱的人則不敢面對自己的缺點，最終自暴自棄地葬送自己。

只要有進取心，我們都能從失敗的領域中，發現到達成功的途徑；只要有自信心，我們身上的每一個缺陷，也都可以成爲與眾不同的優點。

經常有人特地前赴日本，請教服裝設計大師三宅一生，如何設計出獨具一格的服裝款式。

三宅大師提出兩個很有意思的重點。

一是，他認為自己所設計的服飾，其實只完成了「部分」，而其餘的創作空間，則是留給穿衣服的人去完成。

他解釋說：「這樣一來，顧客才能穿出自己的風格，並使得同一件衣服，在不同人的身上能有不同的變化，而且，以這樣的概念設計出來的服裝，也不容易失敗。」

第二點則是，當他在選擇布料時，會請布廠提供設計、印染或紡織失敗的布料，三宅一生便從這些「失敗」的布料中，找到泉湧般的靈感，設計出最具獨創性與美感的作品。

正是因為依循著這兩個重點，三宅一生所設計的服裝總是獨一無二，能夠引領世界的潮流。

從三宅一生的創作特點上來思考，他的「共同創作」與「失敗哲學」，非常值得我們學習。

在藝術家的眼中，任何事物都是創作的最好材料，不管是一塊枯木或是殘破的布料，對他們而言都是最具生命力的事物，只要從不同的角度思索，再糟糕的東西在他們的手中都將化腐朽爲神奇。

朽木也能精雕，更何況是我們？只要願意多花點心思，身上的缺點也能變成獨特的優點。從現在起，用自信代替自卑，就像藝術家們一般，順著曲折的木頭或坑坑巴巴的石塊，創作出與眾不同、完美無缺的驚世之作。

每個人都要有一項最出色的能力

只要能盡情發揮自己唯一的天分與能力，自然就能把自己生命最好的部分呈現出來。

俄國作家克雷洛夫曾經寫道：「喜歡嘲笑別人的人，無論看見什麼都要叫囂，但是，儘管走你的路吧，他們叫一會兒就會離開的。」

天生我材必有用，每個人至少都會有一個天生的強項。

只要你對自己充滿信心，就會激發自己意想不到的潛能，展現堅定不移的信念，戰勝那些看似無法戰勝的人事物。

某一年，德國一家電視台推出一個新節目，用極優渥的獎金徵選「十秒鐘驚險鏡頭」。許多新聞工作者趨之若鶩，最後獲得冠軍的作品是一個取名為「臥倒」的畫面，而掌鏡者只是一位剛入行的年輕人。

幾個星期後，這個十秒鐘的作品在電視台的黃金時段播出。當天晚上，幾乎所有的德國人都守在電視機的前面，準備仔細觀看這個冠軍作品究竟好在哪裡，大家從等待、好奇到議論紛紛，最後每個人的眼裡都泛起了淚光。

這個畫面是，一個火車站上，有一個扳道工正走向自己的崗位，為即將到來的火車扳動道岔。

就在這時，他無意間回過頭一看，發現自己的兒子正在鐵軌的另一端玩耍，而那個位置是正要進站的火車，準備行駛的軌道。

完全沒有時間可以猶豫的父親，在那一剎那間必須救兒子，也必須扳道才能避免一場災難。

就在那一刻，他威嚴地朝著兒子大喊：「臥倒！」

在叫喊的同時，他衝過去扳動火車的道岔。在那千鈞一髮之際，火車進入了預定的軌道，而另一邊的火車也呼嘯而過，然而兩個車道上的旅客卻完全不知道，他們的生命剛才險些消失在瞬間，更不知道，當他們乘坐的火車轟鳴而過時，有個小生命正臥倒在鐵軌邊，而且毫髮未傷。

這一幕剛好被一位經過的記者看見，並拍攝了下來。

大家看完之後都猜測，這位扳道工人一定是位非常優秀的人才。

直到記者再次登門拜訪後才知道，原來這位扳道工只是個平凡的老百姓，做的是最基層的職務，唯一值得一提的是，同事們都誇他忠於職守，每一個動作連一秒都沒有失誤過。

更令人吃驚的是，那個勇敢的小男孩是一個智能不足的孩子。

父親泛著淚光對記者說：「其實，我也不知道該怎麼教育他，只是一遍又一遍地告訴他說：『孩子，你長大後能做的事情實在太少了，所以你必須培養一項最出色的能力！』」

雖然兒子並不懂得父親的話，每天仍然傻呼呼地過日子，但是，在生命攸關的那一秒，他卻能快速地「臥倒」，而這個漂亮的動作，正是他和父親玩打仗遊戲時，唯一聽得懂，並且做得最出色的一個動作。

所謂的天才，多數只有一項最出色的天分，但由於他們將這項天分發揮到極致，於是如此不凡。

當鏡頭下的喜憨兒，把被訓練出來的「臥倒」動作，出色地表現出來的時候，就明白告訴我們天分也是可以培養的，而且只需要一項最出色的能力。

能力不必多，生命有限，每個人的學習能力也有限，我們沒有辦法把所有的事情都攬在身上。我們只要能盡情發揮自己唯一的天分與能力，自然就能把自己生命最好的部分呈現出來。

別讓標準答案限制自己的發展

問題的答案不會只有一種，也很可能甚至不是我們所想像的樣子，所以讓我們把心中那個唯「標準答案」是問的心結解開吧！

自信與自卑最大的差別是，自信的人行事不拘一格，總是有獨特的看法與做法，至於自卑的人則總是人云亦云，被「標準答案」限制自己的發展。

從前在學校裡上數學課的時候，老師總是要求我們演算出「正確的標準答案」，如果我們的回答與標準答案不同，就一律視爲錯誤。

如今，我們已經不再是當年埋首苦讀的學生了，但是，我們的腦子裡是不是經常還在尋求心目中的「標準答案」呢？

古希臘時代，一位預言家在城市內設下一個號稱最難解的結，並且預言，將來能解開這個結的人必定是世界的統治者。

在那之後千百年的時光當中，許多人都曾勇敢地嘗試過，但是依然無人能解開這個結。當時，身為馬其頓國王的亞歷山大也聽說了這個結的預言，於是揮兵進駐駐這個城市的時候，也嘗試要打開這個結。

但亞歷山大連續試了好幾個月，用盡各種方法都無濟於事，最後他恨恨地說：「我再也不要看到這個結了！」

他抽出自己的寶劍將結砍成兩半，於是結打開了。

而亞歷山大最後以自己的武力與智慧，建立起橫跨歐、亞、非三洲的大帝國，並成為主宰三塊大陸的偉大霸主。

問題的答案不會只有一種，也很可能甚至不是我們所想像的樣子，所以，讓我們把心中那個「標準答案」的心結解開吧！

我們無從得知當初預言家所打的結究竟有沒有辦法解開，或許一開始它就是一個無解的結也不一定，但我們能確定的是，預言家知道能用獨特方法解開這個結的人，必然是智勇雙全的曠世英雄。

如果亞歷山大也像其他挑戰者般，將所有心思花在解開繩結的辦法上，最後恐怕無法成爲雄霸三洲的帝王，而是如其他挑選者般一事無成。

其實，這世上有許多事是沒有所謂的「標準答案」，不幸的是，我們從小就被教育要回答「標準答案」，於是被這種想法制約後，對很多觀念、解決問題的方法就失去了創造性與柔軟有彈性的思考方式。

改變思路，才有更好的出路，如果眼前有解決不了的疑難雜症，不妨退一步看看！倒過來看、歪著頭看，說不定能找出不只一種的解決辦法喔！

穩健踏實，比一名致富更有價值

別想再依賴那百萬分之一的好運，應該一天天、一步步地努力累積，這樣一來，我們照樣能坐擁百萬財富。

我們曾經聽過許多一夕致富的故事或傳說，故事裡的主人翁總是因爲絕佳的運氣，在很短的時間內得到一大筆財富，成爲億萬富翁；又或者如電視新聞所報導的，因爲一張彩票而扭轉了一生的命運。

相信我們一定聽過不少這樣的事，而希望靠運氣發財的人也從來沒有減少過，也正是因爲如此，才會有那麼多人沉迷於賭博、熱衷於簽注樂透彩，將自己的未來賭在那可遇不可求的「好運」上。

但是，既然那麼幸運中獎的人只有一百萬分之一，那麼其他的九十九萬九千九百九十九個人在希望落空之餘，他們所期盼的未來又在何處呢？

十九世紀中期，美國加州傳來發現金礦的消息，許多人認為這是一個千載難逢的好機會，於是紛紛趕赴加州。十七歲的亞默爾也加入這支龐大的淘金隊伍，與大家一樣，歷盡艱辛才來到加州。

淘金夢雖美，但做這種夢的人太多了，有越來越多的人蜂擁而至，一時間加州遍地都是淘金客，金子自然也越來越難淘，生活也越來越艱苦了。此外，由於當地氣候乾燥，水源缺乏，許多不幸的淘金者不但沒有圓夢致富，反而葬身此處。

亞默爾經過一段時間的努力後，和大多數人一樣沒有發現黃金，反而被飢渴折磨得半死。有一天，望著水袋中一點點捨不得喝的水，聽著周圍人對缺水的抱怨，亞默爾突發奇想：「淘金的希望太渺茫了，還不如賣水呢！」

於是，亞默爾毅然放棄對金礦的執著，將手中挖金礦的工具變成挖水渠的工具，從遠方將河水引入水池，並用細紗仔細過濾河水，將它變成清涼可口的飲用水，然後將水裝進桶裡，再挑到山谷中一壺一壺地賣給找尋金礦的人。

當時，有人嘲笑亞默爾，說他胸無大志：「你這個傻子，千辛萬苦地到加州來，不努力挖金子發大財，卻做起這種蠅頭小利的小買賣，這種生意哪兒不能做，何必跑到這裡來？」

不過，亞默爾毫不在意，不為所動，繼續賣他的水，並且很順利地用幾乎無成本的飲用水進行另一種形式的淘金。

結果，絕大多數淘金者都空手而歸，但亞默爾卻在極短時間內靠賣水賺到不小的財富，穩穩地擁有創業的第一筆資金。

亞默爾沒有那百萬分之一的好運，但他正確的抉擇卻讓他在淘金客的天堂中成功地致富，憑藉的不是他的運氣，而是他的努力與智慧。

水怎麼會比金子更有價值呢？當然會的！當一大群人在河邊奮鬥了好幾天，

卻只換來極零散細小、根本不值多少錢的金沙時，亞默爾賣給淘金客的飲水早就爲他賺進可觀的數字，更何況水的來源極爲穩定，也幾乎毫無成本可言，因此自然能爲亞默爾帶來大筆財富。

穩健踏實的亞默爾成功了，聰明的你是不是也受到他的啓發？亞默爾懂得放棄遙不可及的淘金夢，轉而腳踏實地追求財富，我們是不是也該放棄那一夕致富的妄想？

別想再依賴那百萬分之一的好運，應該一天天、一步步地努力累積，這樣一來，即便我們是那些沒有好運氣的九十九萬九千九百九十九人之一又如何，我們照樣能坐擁百萬財富。

Part 2.

做好準備 就能抓住機會

當命運不如己意的時候，
仍要保持一顆平常心，不斷充實自己，
如果一個人真有才華，
只要能把握機會，必定能夠一鳴驚人。

做好準備，就能抓住機會

當命運不如己意的時候，仍要保持一顆平常心，不斷充實自己，如果一個人真有才華，只要能把握機會，必定能夠一鳴驚人。

人生路途不會總是一帆風順，有巔峰必有谷底，有高潮必有低潮。

很多時候，我們會覺得自己的才能受到埋沒，日子過得鬱鬱不得志，於是便開始怨天尤人，甚至日漸消沉。

然而，何必因爲一時的不順利而產生自卑心理？眞正有才能的人不會永遠被忽略，因此，如果你總是覺得無緣遇到賞識自己的伯樂，不妨捫心自問：當時機到來時，自己眞能準確掌握嗎？

卡諾瓦的祖父是一名傑出的雕塑家，由於家風影響，卡諾瓦從小就學習這門手藝。可是，到了卡諾瓦父親這一代時，由於家道中落使得未成年的卡諾瓦不得不外出工作謀生。

他去當地一個貴族家裡當僕人，在廚房裡幹粗活，雖然日子辛苦，但他卻沒有怨言。

有一天，這個貴族家中大擺宴席，並邀請了一批社會名流，但在開宴之前，管家發現擺在大餐桌上的甜點裝飾品被弄壞了，急得不得了。

這時，卡諾瓦對管家說請讓他試一試，他可以在很短的時間內弄出一個飾品代替。

管家沒有其他辦法，只好先讓他試試再說。只見卡諾瓦以極嫻熟的手法把一大團黃油塑成一尊維妙維肖、威武雄壯的獅子，管家簡直不敢相信這是一個孩子的作品，與高彩烈地把這尊黃油獅子端上餐桌。

結果，這尊獅子成為赴宴的王公貴族們主要的話題，本是大啖美食的宴會也變成黃油獅子的鑑賞會。當有人問這是哪個大雕塑家的傑作時，管家向人們介紹了這位少年——卡諾瓦。

得知這項精美絕倫的作品是個窮小孩倉促間完成的，大家都非常驚訝，紛紛稱讚卡諾瓦的才華。主人覺得這個僕人為他掙足面子，於是當眾宣佈，將出資讓這個孩子進行深造，讓他的天賦得到更大的發揮。

主人沒有食言，卡諾瓦也沒有被幸運沖昏頭，勉勵自己以純樸、勤奮的心認真學習技藝。他明白，這是自己人生中的一大轉折，如果不專心學習，終將一事無成。後來，卡諾瓦果然成為世界上最偉大的雕塑家之一。

莎士比亞曾經寫道：「自信在任何時候、任何地方，都是一種支撐自己活得自在的心靈能量。」

大多數人之所以被壓力壓得喘不過氣，通常是因爲不相信自己，不懂得自我調適。想要活得自信自在，就必須先檢視自己，認清擔憂、怯懦、怠惰……等等負面情緒產生的緣由，才能自信自在面對詭譎多變的人生。

卡諾瓦在少年時代就已經擁有優異的才能與技藝，卻因爲家庭因素必須爲人幫傭，但他並沒有被命運擊敗，仍舊盡力而爲、積極進取。

正是因爲這樣，所以當機會來臨時，他才能以嫻熟的技巧、出色的藝術天分打動每一個看到他作品的人。

當命運不如己意的時候，我們仍要保持平常心，用自信代替自卑，並且不斷充實自己。如果一個人眞有才華，那麼，只要能把握機會，必定能夠一鳴驚人。要在適當的時刻展現自己，你，準備好了嗎？

永不退縮才能戰勝逆境

一個受到幾次挫折就萌生退意的人，會因為頻繁地更換工作，無法在專業領域中累積寶貴的實務經驗，也無法獲得成功。

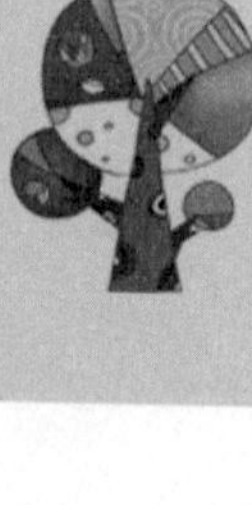

我們常常聽到一些企業主管批評進入職場的年輕人抗壓性不足、穩定性不夠，常常一年之內換了三四個工作，卻總是無法找到最適合自己的領域。

如果這種情形一再發生，那麼應該檢討的，或許不是求職方向與工作環境，反倒應該思考工作態度是否有需要改進的空間。

日本有一位著名的企業家叫市村清，剛從大學畢業進入社會時，決心要做一番事業，然而，畢業後不到兩年的時間裡，卻不得不換了三次工作。這種情況對崇尚職業穩定的日本人而言，簡直是不可思議的事，而且，這三個工作一個比一個辛苦，因此他感到十分失落。

走投無路之際，他進入一家保險公司，做保險推銷員，這項工作不但辛苦，而且又沒有底薪，如果做不出業績來，就一點保障都沒有。

但是，他沒有其他選擇，只好對自己說：「我就暫且先做這份工作吧，等有機會時就立即跳槽！」

雖然他每天一早就出門奔波，但過了很長一段時間，還是連一筆保險也沒做成，眼看家裡的米缸中連一粒米也沒有了，心裡萬分著急。

於是市村清打起了退堂鼓，對太太說：「我一連奔走了三個月，都毫無所獲，所以我想我不應該再做這項工作了，我根本就不適合從事保險業務，我們還是到別的地方去找工作吧！」

看著丈夫有氣無力的樣子，太太沉默了一陣後說：「你若要去別的地方，我當然會和你一起去，但現在距離年底只剩半個月了，請你再努力半個月吧，如果到時還是一事無成，我們再去別的地方好嗎？」

聽完太太的話，市村清深受感動，心想：「一位女子尚且有不退縮的毅力，我怎能如此軟弱呢？我必須繼續努力，不成功絕不罷休！」

第二天，市村清抱著再試一試的想法，硬著頭皮又如往日那樣開始奔波了。但在工作過程中，市村清所湧現的「力量」漸漸發生了顯著的變化。

最初他對保險業務懂得不多，後來才漸漸累積了不少知識；最初他對客戶的消費心理不夠了解，後來他把握了各種人群的消費心理；最初他沒有任何推銷技巧，後來他學習、摸索、領悟了很多實用的訣竅；最初客戶們對保險的認識不夠完整，後來在他不斷介紹下，他們明瞭了保險的意義。

最後，他終於獲得成功，由簽下小筆生意到簽下大筆生意，三個月後，他已成為責任區域中最優秀的保險推銷員了。

人生過程中的失意和挫敗是難免的，但是要設法克服，不能自艾自憐，就像英國詩人雪萊所說的：「如果你十分愛惜自己的羽毛，不使它受一點損傷，那麼你將失去兩隻翅膀，永遠不能夠凌空飛翔。」

想在工作上追求更好的表現，創造更好的成績，「實際經驗」是不可或缺的一環，能夠累積經驗，才能了解工作必須具備各方面的知識與技能，也才能游刃有餘地處理原本不擅長的事項。

一個受到幾次挫折就萌生退意的人，會因為頻繁地更換工作，使自己無法在專業領域中累積寶貴的實務經驗，這樣一來，不論做什麼工作都難成大事，即使在某方面眞的擁有過人的長才，也無法成就一番事業，無法獲得成功。

相信自己，就能激發潛力

成功其實並不難，只要你願意花心思去學習其他的成功者的行事態度，並且相信自己一定能做到。

幽默作家蕭伯納曾經告訴我們：「就算你不能統治你的國家，至少你應當設法統治你自己。」

能夠統治自己的人，無疑是最偉大的統治者，一個不相信自己的人，相對的，別人也不會相信他。人類有百分之九十的潛能，都來自於「相信自己」。

有一個法國人，過了四十歲仍然一事無成，不禁認為自己簡直倒楣透頂了。四十年的生命中，他經歷了離婚、破產、失業……種種不幸的事情。

他不知道自己究竟有什麼生存價值和生命的意義，因此對自己和人生感到非常不滿，不僅脾氣變得古怪、喜怒無常，同時也異常敏感，把大部分時間都花在怨天尤人之上。

直到有一天，遇見一位吉普賽人在巴黎街頭替人算命，他覺得十分有趣，因此上前去試一試，這才改變他的命運。

吉普賽人看過他的手相之後，嘖嘖稱奇地對他說：「你將來會是一個偉人，你很了不起！」

「什麼？」他大吃一驚：「我會是一個偉人，你沒看錯吧？」

吉普賽人平靜地說：「你知道你前世是誰嗎？」

「還會是誰？」他默默地想著：「當然是個倒楣鬼、窮光蛋，像我這種人，註定是不受上帝眷顧的！」

他故作鎮靜地問：「我前世是誰呢？」

「我已經跟你說過了，你將來會是個偉人！」吉普賽人說：「因為你上輩子是拿破崙哪！你體內所流的血、你的勇氣和智慧，都是來自於拿破崙的啊！先生，難道沒有人跟你說過，你跟拿破崙長得很像嗎？」

「不會吧……」他猶豫地說：「我離婚了……也破產了……找不到工作……又幾乎無家可歸……怎麼會是拿破崙呢？」

「那都只是你的過去！」吉普賽人笑著說：「你的未來可真不得了呢！如果你不相信，就不用給錢好了！不過，我告訴你，五年之後，你將會是全法國最成功的人，到時候你再來謝我也不遲！」

身無分文的他，只好裝作極不相信地離開了。但是他的心裡卻湧上了一種前所未有的光榮感覺，他開始對拿破崙感興趣。

只要一有空閒時，他就上圖書館搜尋有關拿破崙的書籍著述來研究。漸漸地，他發現自己周圍的環境開始改變了，他的朋友、親人、同事、老闆，看他的眼神都變得不同了，事情也逐漸順利起來。

後來，他才領悟到，其實什麼都沒有改變，變的只是他自己。他的一舉一動、思維模式無處不在模仿拿破崙，就連走路說話的樣子都像。

到了他五十歲時，他果真成了一位赫赫有名的億萬富翁，到底是不是拿破崙轉世，對他來說已經不重要了。

愛因斯坦曾經說過：「生命會給你所需要的東西，只要你不斷地跟它要，並且在要的時候說得清楚。」

一個人之所以可以成功，是因爲他知道自己想要成爲什麼樣的人，因此對自己的人生充滿信心而，一個人之所以潦倒終身，是因爲他的內心滿是自卑，始終找不到自己的方向。

成功其實並不難，只要你願意花心思去學習其他的成功者的行事態度，並且相信自己一定能做到。

用不同的方式說服頑固的客戶

有時，當所有一般方法都已經嘗試過後，需要的是巧思與創意，說不定只要換一個方式，就能開創出新的局面呢！

在達到目的之前，可能要經歷許多艱辛和困難，甚至還會遇到許多無法想像的情況，畢竟世上有太多難以預料的事情了，可是，萬一我們剛好遭遇了，又應該如何面對呢？

先看看以下的小故事，再反省自己是否也有如此的毅力與機智呢？

日本保險業著名的推銷大師原一平先生，最初進入保險業的時候曾經有過在三年零八個月的時間內拜訪同一個客戶七十次的紀錄，這件事情是這樣的：

年輕時的原一平從業務部得知了一家專門銷售男性用品的公司總經理的個人資料，第二天就迫不及待地上門拜訪。

開門的是一個看起來相當有涵養的老人，原一平原本猜測他一定是總經理的長輩，因為這位長者在聽完原一平的自我介紹後，彬彬有禮地說：「總經理不在家，請改日再來。」

「那總經理一般是什麼時候在家？」原一平恭敬地問。

「公司的事情很多，我也不太清楚。」老人這樣回答。

原一平又問了其他問題，但老人總是以「不太清楚」推託。

就這樣，在接下來的三年零八個月的時間裡，原一平總共拜訪了總經理七十次，但每次都撲了空。後來，他意外地從一個客戶那裡得知，那位每次對他說「總經理不在，你下次再來」的老人竟然就是那位總經理。

這讓原一平憤怒不已，感到自己被人戲弄了。就算這個老人表明自己的身份並且對他大叫「我不需要保險，你別白費心機了」，也總比每次面帶微笑地推託要好多了，這個令人生氣的老人，白白浪費了他多少時間呀！

怒氣沖天的原一平決定要懲罰一下這個老人。他來到那棟曾去過七十次的高樓，沒想到在一樓時就看到那老人正在清理水溝。原一平雙手抱在胸前，靜靜地等他清完水溝，隨即點了一根煙，以排遣心中的鬱悶。

在抽煙的過程，原一平的怒氣漸漸平息下來，開始靜靜思考與老人會面中的所有對話，心想：「這個老頭顯然不是普通人，所以若真要做成這筆生意，非得用些『非常』手段不可。」

原一平點燃第二根煙時，老人終於開始收拾工具，於是原一平熄了煙並深深地吸了兩口氣，上前攔住那位總經理。

「您好，我是明治保險的原一平，請問總經理在家嗎？」

「唉！真不巧，他剛剛出門了。」

原一平聽到這樣的回答後，大聲說道：「老先生，我知道你就是總經理本人，如果你不想買保險，可以直接拒絕我，為什麼要這樣戲弄我呢？這是在考驗我的耐性嗎？」

「其實，從第一天起，我就知道你是來推銷保險的。」那老人居然露出奸詐的笑容回答著。

原一平聽到這樣的回答後決定冒個險，假裝很生氣地說：「如果我第一天就知道你是總經理，我才不會浪費三年零八個月的寶貴時間，來向一個行將就木的人推銷保險，再說，如果明治保險公司的客戶都像你這麼病弱，可能早就倒閉了。」

「什麼？你竟然如此詛咒我！我難道連投保的資格都沒有嗎？你馬上帶我去體檢，我要讓你知道我絕對夠健康，有資格投保！」老人的聲音也大了起來。

原一平看到自己的話激起了這個頑固老人的好勝心，感到目的已經達成，心中不免一陣竊喜，不過表面上仍繼續推託說：「哼，我才不為你一個人浪費時間呢！不過，如果你們全家和全公司都投保的話，我還可以考慮。」

「好，就這麼決定了，我們明天就去投保。」

於是，總經理全家和全公司的人都變成原一平的客戶，他的業績也一下子就破了公司的保險銷售紀錄。

故事裡這位老人的確脾氣古怪，但原一平卻在第七十一次的拜訪中，成功讓這位老人成為自己的客戶，這靠的就是他在之前七十次會面中所遭到的挫折。

這三年零八個月來多達七十次的戲弄，讓原一平明白無法用一般方式說服這位老人，但他不但沒有就此放棄，反而憑藉著先前失敗的經驗與自己的機智而成功拉到一個大客戶。

人們常說「出奇制勝」，有時，當所有一般方法都已經嘗試過後，需要的是巧思與創意，說不定只要換一個方式，就能開創出新的局面呢！

出身並不會決定你的命運

出身並不會決定一個人的命運，只有對人生的態度才會影響自己的命運，我們的未來握控在自己手中。

做父母的總是想盡辦法爲子女創造出最好的環境，堅信絕不能「讓孩子輸在起跑點上」，因此，讓孩子上最好的幼稚園、小學、中學，讓他們參加各種才藝班、珠算班、英語班……無論如何也要在孩子小的時候就爲他們鋪設好通往未來的道路。

但是，難道沒有這樣的好環境就無法爲孩子造就出光明燦爛的未來嗎？難道孩子的出身背景就能決定一輩子的命運嗎？

先看看以下這則小故事，或許能讓你用不同的態度看待以上的問題。

「我是住在宮廷裡的孩子，」在丹麥一個兒童聚會上，一個漂亮的小女孩說：「我父親是議院的侍從官，那是一個很高的職位。至於那些姓氏以『森』結尾的人（在丹麥，姓氏以『SEN』結尾代表平民），永遠都成不了大器。所以在他們面前時，我總是兩手插腰以便能跟他們保持距離。」

「但是，」一個記者的女兒插嘴道：「我爸爸可以把你們的爸爸和所有人的爸爸都登到報紙上，我爸爸說各式各樣的人都怕他，因為他可以按自己的想法決定要把誰登在報紙上。」

「唉，要是我能成為他們當中的某一個該有多好呀！」一個透過門縫往裡面偷看的小男孩有些感慨地想。

他是得到廚師允許才能站在那裡的，因為他只是個為廚師做廚房清潔工作的童工，不夠資格參加這場兒童聚會，他與這些人完全不一樣，他的家境非常窮困，而且他的姓氏就是以「森」結尾的。

年復一年，日復一日，隨著時光流轉，當年聚會上的孩子已變成風度翩翩的紳士和高貴典雅的淑女，他們的房子裡有一座金碧輝煌的廳堂，在那裡面佈置了各式各樣精美絕倫、價值連城的藝術品。

然而，他們並不知道這些藝術品的作者，就是當年那個怯生生地從門縫裡偷看他們的小男孩。

那個窮困的小男孩後來成為偉大的雕刻家了，他就是丹麥藝術家及著名的雕塑《耶穌及十二使徒》的作者托瓦爾森。

命運和出身無關，只和自己的意志與努力有關。印度詩人泰戈爾曾經說道：「正像一個年輕的老婆不願摟抱那年老的丈夫一樣，幸運女神也不願摟抱那些遲疑不決、懶惰、相信命運的懦夫。」

命運不是機遇，而是選擇。人的命運往往是自己造成的，和父母用心無關，和置身環境的優劣無關，人就是自己命運的設計師。

即使家族或父母可以事先爲孩子預備好康莊大道，但最終的成就還是取決於個人努力。這是一個很簡單的道理，但卻有許多人陷在家世背景的迷思中。

因此，如果我們的人生路途不是很順遂，第一個應該檢討的應該是自己，而不是只會羨慕那些「含著金湯匙出生」的幸運者，或是一再埋怨自己爲什麼不是生在富貴之家。

我們聽過太多出身顯赫但最終卻把家產敗光的故事，也有許多像托瓦爾森這樣憑藉自己力量而功成名就的例子。

出身並不會決定一個人的命運，只有對人生的態度才會影響自己日後的發展，我們的未來握控在自己手中，不論成功還是失敗都要對自己負責。

努力才是通往成功的捷徑

只要能夠抱持著「無論如何絕不放棄」的心態，即使是乍看之下幾乎不可能的事，也會有實現的一天。

人必須不斷奮鬥，才可能有所成就，正如美國總統富蘭克林．羅斯福所說的：「生活就像橄欖球比賽，原則就是奮力衝向底線。」如果我們總是認爲自己有心無力，有太多辦不到的事情，那我們可能得問問自己：「我是不是眞的已經盡力了？」

在倫敦一個簡陋的馬房裡，住著一名叫麥克．法拉第的窮孩子，靠賣報來維持生計，並曾在裝訂商和圖書出版商當過七年學徒。

有一次在裝訂大不列顛百科全書時，法拉第偶然看見一篇介紹電的文章，對此十分感興趣，便認真地把這篇文章讀完了，並且以書上介紹的方法做出簡單的實驗。有一位顧客被這個小男孩的求知欲深深感動了，於是把法拉第帶去聽著名化學家漢弗萊．戴維的演講。

聽完演講後，麥克．法拉第鼓足勇氣，寫了一封信給這位偉大的科學家，並把自己做的聽講筆記寄給戴維本人審閱。戴維被這個小男孩的勇氣及嚴謹的科學態度感動，於是親筆寫了一封信請他當自己的助手。

法拉第看了這封信後萬分激動，畢竟這對他而言是最好的嘉獎啊！

法拉第在良師教導下有了顯著的進步，經過一段時間的觀察和學習，自己也做起了實驗。很快地，因為法拉第超凡脫俗的悟性和突飛猛進的科學成就，許多一流的科學研究人員紛紛邀請這個「窮小子」前去演講。

站在巨人肩膀上的法拉第，攀登上科學的顛峰。最後由於卓越的成就，麥克．法拉第被任命為伍爾韋奇皇家學院的教授，成為他那個時代的科學園地中最瑰麗的一株奇葩。

英國物理學家廷德爾評價法拉第說：「他是迄今為止最偉大的實驗哲學家。」他的導師漢弗萊·戴維先生更是以他為榮，當被問及一生中最大的發現是什麼時，戴維自豪地說：「我一生中最大的發現就是麥克·法拉第。」

成功與失敗之間的分別不是在於才能或環境的差別，而是在做從事的態度。成功者能夠抱持著「無論如何絕不放棄」的心態，所以即使乍看之下幾乎不可能的事，也會有實現的一天，因爲人堅強的意志與信念就是最大力量。

法拉第並沒有受過正規的教育訓練，也不是出身名校的學者，原本在學術領域中的經歷幾乎是零，但卻因爲一心渴求科學與眞理的態度，戰勝他人懷疑的眼光與社會階層的壓力，終於能在科學的領域中開花結果，成爲一代大師。

我們許多時候都因受限於外在因素，而否定了自己的可能性，不過法拉第的故事正好清楚地告訴我們：只要用心追求，總有得到成功的一天。

永不放棄才能獲得成功的契機

不論情況多麼困難，只要我們願意嘗試，就有希望；不論經歷多少次失敗，只要我們不放棄，成功就一定會來到我們的眼前。

有沒有什麼理想，是我們一直嘗試但卻從來沒有達成的？有沒有什麼心願，是我們一直努力卻從來沒有成功過的？

當你在哀嘆自己運氣不好，總是無法達到目的時，或許該反思一下自己是否總是停留在「想」的階段，或是在嘗試時僅碰到幾次挫敗就輕言放棄？

不妨先看看以下這個小故事，也許看完之後你就能明白自己總是失敗、一事無成的關鍵何在。

普魯士國王長期與英格蘭作戰，但每一次都敗北而歸。在第六次戰爭中，他又被打得落花流水，只得躲藏在一處不易被發覺的破茅屋裡，多次失敗的打擊讓他鬱鬱寡歡。

當他帶著失望與悲傷的情緒躺在木床上的時候，無意間看見一隻蜘蛛正在結網。國王為了讓自己解悶並看蜘蛛如何應付，於是伸出手毀壞牠將要結成的網，但蜘蛛對此並不在意，立刻繼續工作，再結一個新網。雖然國王又把新網破壞了，不過牠仍繼續結網。

如此反覆多次，國王開始驚奇了，自言自語道：「我被英格蘭的軍隊打敗六次就準備放棄，難道我連一隻蜘蛛都不如嗎？」

當蜘蛛成功結成第七個網時，國王也終於鼓起勇氣，決定再一次奮鬥，從英格蘭人的手裡拯救他的國家。他重新召集了一支新的軍隊，謹慎並耐心地進行準備，終於打了一次重要的勝仗，成功地把英格蘭人趕出國土。

「人會連一隻蜘蛛都不如嗎？」自詡爲萬物之靈的人類可能會覺得這樣的問題很愚蠢，但看完上述這個小故事後再思考其中涵意，便能發覺這個問題背後有多深的寓意。

人會自暴自棄、灰心喪志，可是蜘蛛不會；人會彈性疲乏、畫地自限，可是蜘蛛不會……的確人類在許多方面是不如蜘蛛的。也正是因爲人有太多足以阻礙自己的自卑想法，才無法像蜘蛛一樣，即使辛辛苦苦所結成的網被破壞了幾十次、幾百次，仍然能無怨無悔地繼續下去；相反的，有太多人不過受到一兩次的挫折，就輕言放棄了。

不論情況多麼困難，只要我們願意嘗試，就有希望；不論經歷多少次失敗，只要我們不放棄自己，成功就一定會來到我們的眼前。不過，一旦我們停下努力的腳步，那就無異於自己親手把理想與成功的機會埋葬了。

以達觀的態度面對世事

學習伍登在每天睡前的激勵法，告訴自己：「我今天表現得最好，明天也會如此，後天也是，永遠都是！」

有位哲人勸誡我們：「把今天視為生命的最後一天來生活！」這不是悲觀消極的想法，而是要我們以更達觀的態度面對世事，拋開人際的糾葛，積極地經營自己生命中的每一天。

伍登是美國有史以來，最成功的籃球教練，同時他也是一位充分運用「自我暗示」的力量，讓自己成功的佼佼者。

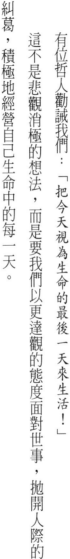

當伍登還是個小男孩的時候，他的父親便時常對他說：「讓每一天都成為你的最佳傑作！」

伍登時時刻刻都記著父親留給他的這句話，不管颳風或下雨，這句話讓伍登的每一天都充滿了活力，而且沒有一天例外。即使是生病了，在他的臉上仍然看不出一點病態，全身上下永遠充滿了活力的色彩！

伍登在加州大學洛杉磯分校擔任籃球教練時，十二年之內總共榮獲了十次全國冠軍。當人們問他如何創造這樣輝煌的戰果時，伍登回答說：「我和我的球員，每天都會經歷一個『自我暗示』的過程，而且十二年來從不間斷。」

「什麼叫自我暗示？」人們好奇地問。

伍登說：「每天晚上睡覺之前，我都會對自己說：『我今天表現得最好，明天也會如此，後天也是，永遠都是！』」

人們訝異地問：「只是這樣而已嗎？」

伍登接著用斬釘截鐵地口吻，對著他們說：「讓每一天成為你的最佳傑作，這就是最有效的成功方法。」

伍登運用自我暗示的方法，每天不斷地激發自己的潛能，這也正是許多心理專家一再強調的「潛意識」。「每一天」都是伍登的最佳傑作，因爲在每一天的開始，潛意識便會釋放出「我今天一定會表現得非常好」的能量，讓伍登能夠樂觀而自信地經營每一個「今天」。

樂觀與積極是自我暗示最重要的導引，只要相信自己，就沒有什麼事是不可能的；只要相信自己，就能夠充滿勇氣地把雙腳跨出去，機會隨時都將現身迎接。從今天開始，學習伍登在每天睡前的激勵法，告訴自己：「我今天表現得最好，明天也會如此，後天也是，永遠都是！」

作家薩帕林娜曾說：「只有不斷地追求探索，永遠不滿足於已取得的成績的人，生活才是美滿的、有價值的。」

把今天視爲生命的最後一天，爲了完成那些未完成的夢想，你就會懂得以自信代替自卑。當你體認到自己生命的重要，就變得微不足道。

你才是自己眞正的支持者

再多的奇蹟都是靠自己創造，沒有人能掌控我們的生存機會，也沒有人能支配你我的命運。

法國文豪巴爾札克曾說：「人類所有的力量，只是耐心加上時間的混合，所謂強者是既有意志，又能等待時機。」

在人生的旅途中，即使得不到別人的支持，別忘了，還有一個永遠守護與支持你的人，那個人就是你自己。

鮑爾斯是十八世紀俄國著名的探險家，他在一八九三年時，與瑞典探險家歐文在斯堪地納維亞半島相遇。

他們兩人對極地風光都很感興趣，相偕一同沿著北極圈考察與探險。

他們從瑞典北方出發，身邊帶了三隻狗、兩架雪橇和一張地圖。如果計劃沒有失誤的話，他們一路向東，一共要走一萬五千多里路，九個月便可完成。

但是，他們卻花了一年又三個月。

讓他們失算的原因是，在翻越峻峭的山脈時，歐文不小心摔斷了腿。

歐文激動地說：「要是沒有鮑爾斯的幫助，我恐怕已葬身山谷。」

分手時，歐文把隨身攜帶的懷錶送給他，並一再地說：「謝謝。」

這時，鮑爾斯搖了搖頭說：「你要謝謝的人，是你自己！你以一條腿走過最薄的冰層，是你自己用一條腿翻過最狹窄的山道。總之，在絕境中真正幫助你的人，是你自己，我並沒有提供你真正的支援啊！」

謙虛的鮑爾斯後來寫了一封信給歐文，信中說：「在探險的路上，記住，你就是你自己的神，只有你能掌握自己的命運，沒有人能支配你，也沒有人能阻擋你走到成功的彼端。」

一九〇二年，歐文來到中國，且獨自一個人進入塔克拉瑪干大沙漠，並成為第一個活著走出來的探險者。

後來，有人研究他創造奇蹟的原因，許多研究者將它歸結為歐文口袋中的金幣和一個維吾爾人的幫助。

不過，只要知道歐文和鮑爾斯在北極圈那段經歷的人，都會認為這樣的結論有多膚淺。

我們經常在動物頻道裡，看到正在學習展翅的小鳥，鳥爸爸和鳥媽媽並不會牽著牠們，反而是看著鳥兒一再跌落、展翅，直到牠們能用自己的力量，學會了飛翔，牠們才會跟著幼鳥一起在天空高飛！

如果小鳥們耍賴，不願學習飛翔，那麼，牠們永遠只能囚在鳥巢中，等著敵人的侵略。

因爲鳥父母並不會強押著牠們學習，一旦羽翼豐了，便得快速地以自己的力量學會高飛，牠們才能有求生的能力。

人類不也是如此？

在遇上險境時，如果只知消極地等待救援，卻不在分秒必爭的黃金時間裡，克服心理恐慌，積極地爲自己尋找逃生的機會，那麼山谷中，便又要多了一個亡魂。

再多的奇蹟都得靠自己創造，沒有人能掌控我們的生存機會，也沒有人能支配你我的命運；人生只有一分的性格是上天注定，其餘的九分只要我們能勇敢走出去，都會有扭轉乾坤的機會。

Part 3.

多用腦袋，才不會被淘汰

將尚未來到的資產化為對自己有利的條件，
是非常聰明的辦法，
但必須努力工作且深思熟慮，
以確保「未來」正如同預期。

要相信自己，更要竭盡全力

在抱怨自己不受幸運之神眷顧、與成功無緣時，不妨反過來思考一下自己是否已經竭盡全力了呢？

《青鳥》的作者梅特林克曾經在著作中寫道：「人生就像一張潔白的紙，全憑人生之筆去描繪。玩弄紙筆的人，白紙上只能塗上一灘髒亂的墨跡；認真書寫的人，白紙上才會留下一篇優美的文章。」

確實如此，人生可以燃燒，也可以腐朽，全看自己的心態如何。

每個人都想追求成功，然而並非每人都能成爲成功者，到底「成功」和「庸碌」的差異在哪裡呢？

看看以下的小故事，自能了解造成差異的關鍵因素何在。

一八二八年，十八歲的伯納德．帕里希離開了法國南部的家鄉，那時他「一本書也沒有，只有天空和土地為伴，因為它們對誰都不會拒絕」。

當時，他只是一個不起眼的玻璃畫師，然而內心卻懷著滿腔藝術熱情。

有一次，他偶然看到一個精美的義大利杯子，旋即被它迷住。從那時起，他過去的生活規律完全被打亂，內心被另一種激情佔據——他決心要發現瓷釉的奧秘，看看它為什麼能賦予杯子那樣迷人的光澤。

此後，他自己全部的精力都投入到對瓷釉成分的研究中。他自己動手製造熔爐，但第一次以失敗告終。後來，他又造了另一個，這次雖然成功了，可是這個爐子既耗燃料又耗時間，讓他幾乎耗盡全部財產，最後因為買不起燃料，無奈之下只能用普通火爐。

這時，失敗對他而言已是家常便飯，但每次失敗後總是迅速振作起來。最終，經歷無數次失敗之後，他燒出色彩非常美麗的瓷釉。

為了改進自己的發明，帕里希用雙手把磚頭一塊一塊地疊起來，建了一個玻璃爐，可是，連續高溫加熱了六天也未見瓷釉熔化。

當時他已經身無分文了，只好向別人借錢買陶罐和木材，並想出更好的助熔劑。他再次開始實驗，然而，直到燃料耗光也沒有任何結果。

於是，他跑到花園裡，把籬笆上的木材拆下來充當柴火，但實驗仍然沒有任何成果；然後，他把家具也拆下來當成柴火，但實驗還是沒有成果。

最後，他把餐具室的架子一併砍碎，扔進火爐中。

奇蹟終於發生了，熊熊的火焰一下子把瓷釉熔化了，伯納德·帕里希終於揭開瓷釉的秘密。

爲什麼有人能在事業上獲得成功，而其餘的人卻不行？也許對於成功的執著程度正是其中的關鍵。

帕里希對成功的執著，到了令人匪夷所思的地步；他賣掉了自己所有家產、向他人借貸，直到最後連籬笆、傢俱都拆掉了，就只是爲了把火提升到足夠的溫度，爲了將瓷釉的秘密發掘出來。

在他努力的過程中，他始終竭盡全力、毫無保留地追求目標，不理會別人的觀感，且從未被失敗擊倒，這點正是他最終能獲得成功的原因。

所以，在抱怨自己不受幸運之神眷顧、與成功無緣時，不妨反過來思考一下自己是否已經竭盡全力了呢？如果還沒，就盡力放手一搏吧，那你會發現成功就在不遠的前方。

多用腦袋，才不會被淘汰

將尚未來到的資產化為對自己有利的條件，是非常聰明的辦法，但必須努力工作且深思熟慮，以確保「未來」正如同預期。

法國作家紀德說過：「人人都有驚人的潛力，要相信自己的力量與青春，要不斷告訴自己：我就是命運的主宰。」

調整好自己的心態，建立充分的自信，客觀審視自己，永遠懷抱希望，有助於自己走好往後的人生旅程。

自信會照亮你的心靈，讓你的內心絢麗光亮，萌生「未來之力」。

「未來之力」是什麼呢？那是指預先挪用未來的成果，將尚未來到的時間轉化成對自己有力的條件，但要注意的是，「未來之力」的成功魔法與信用破產僅是一線之隔，而其中的關鍵正是自身的努力。

丹尼爾．洛維格於一八九七年六月出生在美國密西根一個叫南海溫的地方。十多歲時，他的父母分居，他跟隨父親到德克柯斯一個叫阿瑟港的小城。

洛維格自小就對船舶十分著迷，高中未畢業就輟學到碼頭找工作。經過幾年的漂泊，他進到一家航運工程公司工作，這段期間，他開始利用晚上的時間兼職為船舶安裝各種引擎。

十九歲的時候，他接的兼職工作太多了，讓他心力交瘁。於是，他辭了工作，開始獨自創業，但在之後的二十多年裡，他的事業一直起起伏伏，不但沒有獲得成功，反倒背了一屁股債。

直到年近四十歲時，他意識到自己的創業觀念有問題，必須徹底改變，於是，他決定拋棄僅僅依靠自我積累的做法，而去借助外力。

當時，洛維格想貸款買一艘貨輪，然後把它改裝成油輪，因為運油比運貨物更賺錢。

可是，每一家銀行都拒絕借錢給他，因為洛維格根本一無所有，無法提供貸款所需的擔保物。於是，他發現借助外力並不是一件容易的事情。

碰壁多次之後，洛維格想到利用「未來之力」來促成夢想。於是，他把自己未來才可能擁有的船「挪」到了現在。

第二天，他來到紐約大通銀行對經理說，他現在有一艘老油輪，正租給一家信譽良好的石油公司使用，希望銀行貸款給他，他會用油輪的租金來償還貸款利息。因為有一艘老油輪，而且那家石油公司信譽良好，所以大通銀行沒有要求他提供擔保物，直接把款項借給他。

為了不讓銀行識破他的「未來之船」，他拿到錢後立即購買了早已物色好的一艘老貨輪，迅速把它改裝成油輪，並立即包租出去，使「未來之船」成為「現實之船」。接著，他再用這艘油輪抵押，貸到第二筆款，買下第二艘貨輪，並把它改裝成油輪包租出去。

第一次利用「未來之力」就獲取成功，使他產生再次利用「未來之力」的想法，不過，這一回他把想法明明白白地告訴銀行。他先設計好一艘油輪，在安放龍骨之前，就找好一位願意在船造好之後承租它的客戶並簽下包租合約。有了包租合約後，他來到銀行申請貸款以便建造這艘油輪。

他申請的貸款方式是「延期償還貸款」，在這種方式下，船下水之前銀行只能收回少量貸款，或者不收回貸款，而在船下水之後，再將租金付給銀行，當貸款付清之後，洛維格就可以擁有船的全部產權。

他的構想一提出，就嚇到銀行經理了，因為誰也不曾這樣做過。但在仔細估算之後，銀行經理覺得這個方案對銀行十分有利，並且風險也不大，於是同意洛維格的貸款申請。

之後，洛維格一次又一次地將利用「未來之力」的經驗複製到其他事業上，最終擁有了一間非常龐大的跨國公司。這間公司涉足許許多多產業，其中包括信貸公司、旅館、辦公大樓、自然資源開發經營公司、石油化學工業公司……等等，此外，他還擁有一支和希臘船王的船隊媲美的世界性船隊。這都是他巧妙借助「未來之力」的成果。

大家都知道二十一世紀是知識經濟的天下，不論從事什麼行業都必須動腦，肯動腦的人會躍爲衆人羨慕的「成功者」，如果還懵懵懂懂，就會被飛速發展的世界淘汰，變成人人嘲笑的「失敗者」。

面對激烈的競逐，蘇聯教育家克魯普斯卡雅告訴我們：「應該學會用腦子和雙手工作，生活需要活用知識，正如戰爭需要槍砲一樣。」

像洛維格這樣，將尚未來到的資產化爲對自己有利的條件，是非常聰明的辦法，但更重要的是，他除了充滿信心之外，還必須努力工作且深思熟慮，以確保「未來」正如同他所預期的，否則，一旦中間任何一環節出錯，「未來之力」不但無法幫助他，反而會使得他言而無信、信用破產。

洛維格運用「未來之船」爲他帶來了成功與財富，但我們更應該記住他是如何巧妙地利用「未來之力」這個想法，以及他將想法付諸實行的努力。

面對困境，要冷靜因應

當上天將一扇窗關閉時，其實正為我們開啟另外一扇人生的門扉。只要保持自信、冷靜分析與思考，就能順利將那扇門打開。

近幾年，全球性的經濟不景氣讓許多人面臨失業的困境，其中更有許多年紀已經不小、在先前任職的公司也待很長一段時間的「中年失業者」。他們比起年輕人有著更沉重的生活和家庭壓力，同時又自認不具有年輕人的可塑性與活力。因此，失業對他們來說有如晴天霹靂，許多這樣子的失業者從此一厥不振，再也無法回到職場了。

但是，難道失業真的等於絕路一條嗎？

絕對不是！只要拋開自卑心理，對自己的能力充滿信心，不再自怨自艾，就能找到更寬闊的未來。

這一天，四十九歲的伯尼·馬庫斯像往常一樣拎著心愛的公事包去公司上班。在他二十年的職業生涯中，他兢兢業業才爬到令人羨慕的經理職位，只要再工作十一年，就可以安安穩穩地拿到退休金了。

然而，他萬萬沒有想到，這一天卻是他在公司工作的最後一天。

「你被解僱了。」老闆將他叫到辦公室，這麼對他說。

「為什麼？我犯了什麼錯？」他既驚訝又疑惑地問。

「不，你沒有犯錯，是公司因應不景氣，董事會決定裁員，僅此而已。」

他在一夜之間從一名受人尊敬的公司經理成了一名在街上流浪的失業者。

和所有的失業者一樣，沉重的家庭開支迫使伯尼·馬庫斯必須儘快找到工作。

那段日子裡，他常去洛杉磯一家街頭咖啡店，一坐就是幾小時，以此排解內心的痛苦、迷茫和巨大的精神壓力。

有一天，他遇到了老朋友亞瑟·布蘭克，亞瑟與馬庫斯一樣曾是經理，但現在也同樣遭到解僱。兩個人互相安慰，一起尋求解決的辦法。

「為什麼我們不自己創辦一家公司呢？」

這個念頭像火苗一樣在馬庫斯腦中一閃，點燃了壓抑在心中的熱情和夢想，於是，兩個人就在這間咖啡店裡策劃建立新的家居倉儲公司。

兩位失業的經理人為企業制定了一份發展計劃和一個「擁有最低價格、最優選擇、最好服務」的理念，並制定出使這優秀理念得以成功實踐的管理制度，然後，就開始著手創辦公司。

這一年正是西元一九七八年的春天。

他們創辦的就是美國家居倉儲公司。在僅僅二十多年，這家公司就發展成擁有七百七十五家分店、十六萬名員工、年銷售額超過三百億美元的大企業，成為全球零售業發展史上的一個奇蹟。

漫長的人生旅途中，不論工作方面或生活方面，都難免遇到危機。

不過，所謂的危機不一定就是壞事，只要我們能用靈活的頭腦思考，然後以正確的方式因應，那麼危機不但不可怕，說不定還會是個重大轉機，讓受到束縛的自己破繭而出呢！

這個故事讓我們知道事在人爲，即使是在最黑暗的時候，仍然不要放棄希望。

同時，我們更不要忘記，當上天將我們面前的一扇窗關閉時，其實正爲我們開啓另外一扇人生的門扉。

我們只要保持自信、冷靜分析與思考，就能順利將那扇門打開，而且那道門後面必定是一條康莊大道。

無法改變環境，就試著改變心境

熱愛生活的人，無論處於順境逆境，都能以健康的心態面對。他們知道，人如果不能改變環境，那就只能改變自己。

有兩個搬運者推著一車滿滿的花瓶，不經意摔破了其中兩只。

一個人悲傷地說：「眞倒楣，摔碎了兩個花瓶！」另一個則欣慰地說：「好險，只摔碎了兩個花瓶！」

現實生活中，只見樹木不見森林、只在意眼前的挫折憤慨而不敞開心胸面對的人實在不少。

相較於第一個人的動輒埋怨，第二個人不計較失去多少，而著眼於自己還擁有的。這種豁達的人生觀，可以使人在遭遇挫折時看見光明，並對自己充滿信心。

人生有太多的煩惱，我們必須為一日三餐操勞，為讀書就業困擾，為經濟不景氣憂慮，為人際關係躊躇。每一樁、每一件大事小事都牽引著我們的心，無端消耗著我們的精力。

面對迎面而來種種生活的挑戰，我們不由得心生感慨：活著好累！

生活環境不斷地進步，機械化、電子化設備逐漸取代了人力，我們所謂的「累」，指的並不是體力上的付出，而是感慨心力的加倍消耗。

我們無時無刻不在競爭，不在比較，不在求進步，不在往前走。漸漸地，心理層面的疲憊滲透到了身體表層，當我們打從心底感到疲累時，身體才會知道什麼叫做累。

從前，有一位老音樂家因為被人陷害而進了監獄坐牢，一天的時間裡，總是有好幾個小時必須埋頭苦幹的鍘草。老音樂家拖著老邁的身軀，屈著身體在獄中整整鏟了十年的草。

等他出獄了以後，人們卻驚奇地發現，他並沒有因此而憔悴衰老，反而顯得更加容光煥發。

有人詢問他其中原因，而老音樂家只是微笑地說：「我怎麼會老呢？我每天鏟草都是用四／四拍鏟的。」

因為心情飛揚，所以他的一舉一動都能蘊含著旋律，在艱苦的環境中，他用四／四拍的節奏譜成了一首鏟草的樂章。

無獨有偶，電影《芙蓉鎮》裡那個被下放到農村勞改的知識分子，也並不以失意為苦，不為自己的命運嗟歎。

每天清晨掃地時，他都用雙手揮動著掃把，腳上踏著華爾茲舞步，名副其實的「揮灑自如，自得其樂」。

這樣的動作足以除卻他一身的髒污，根本找不到有什麼理由可以使他不快樂！

法國大文豪福樓拜在他的代表作《包法利夫人》裡，曾經寫過這麼一句話：「人生每多失望，能把思想寄託在高貴的性格、純潔的感情和幸福的境界上，也就大可自慰了。」

生命過程中，無可避免地會遭遇一些讓我們失望、痛苦的逆境。

熱愛生活的人，無論處於順境逆境，都能以健康的心態面對。他們知道，人如果不能改變環境，那就只能改變自己。

快樂與不快樂，其實都是自己的選擇。只有心向太陽，胸懷希望，忘掉自己失去的，珍惜自己擁有的，才能活得瀟灑，活得自在。

就算最後一幕，也要完美演出

只要能夠堅持到底，那麼不論最後結果會是如何，至少我們能對得起自己，對得起過去曾經付出的努力。

許多人做事常有「虎頭蛇尾」的毛病，往往一開始非常有衝勁、非常拚命，但過一下子就漸漸感到疲乏，到最後根本就只是虛應故事、敷衍了事，一開始的雄心壯志也都成空。

起跑點的輸贏並不那麼重要，輸在起跑點也沒什麼好氣餒的。事實上，在終點線之前的最後旅程才是一個人成功與否的關鍵。

被譽為「音樂之父」的著名音樂家海頓，曾經擔任過俄國彼德耶夫公爵家的私人樂隊隊長。

有一天，公爵突然決定要解散這支樂隊，這也意味著包括海頓在內的所有樂隊隊員全部都將失業。樂手們聽到這個消息後，一時全都心慌意亂，不知道如何是好，而且他們知道，公爵決定了的事情是很難再更改的，無論怎樣懇求他，他都不會改變主意。

海頓看著這些與自己同甘共苦多年的親密戰友，心中很不是滋味。他想來想去突然靈機一動：「我何不就為最後一次的演出寫一首曲子呢？正好為這一切畫上一個完美的句點。」

於是，他立即譜寫了一首「告別交響曲」，表明要為公爵做最後一場獨特的告別演出，公爵也同意了。

這天晚上，因為是最後一次為公爵演奏，樂手們萬念俱灰，根本打不起精神，

但基於過去與公爵相處的情份上，大家還是盡心盡力地演奏。

這首樂曲的旋律一開始極其歡悅優美，把樂手與公爵之間的美好情誼表達得淋漓盡致，公爵也深受感動。漸漸地，樂曲由明快轉為委婉，又漸漸轉為低沉，最後，悲傷的曲調在大廳裡瀰漫開來。

這時，只見一位樂手停了下來，吹滅了樂譜上的蠟燭，向公爵深深鞠了一躬後悄悄離開，過了一會兒，又有一名樂手以同樣的方式離開了。就這樣，樂手們一個接一個地離去，到最後，空蕩蕩的大廳裡只留下海頓一個人。

只見海頓深深地向公爵鞠了躬，吹熄指揮架上的蠟燭，空蕩蕩的大廳立即暗了下來。正當海頓也像其他樂手一樣要獨自默默離開時，公爵的情緒已經達到了頂點。他再也忍不住，大聲叫了起來：「海頓，這是怎麼一回事？」

海頓真誠地回答說：「公爵大人，這是我們全體向您做最後的告別呀！」

這時公爵突然醒悟過來，流下了眼淚：「啊！不！請讓我再考慮一下。」

就這樣，海頓利用這首《告別交響曲》的奇特氣氛，成功地使公爵將全體樂隊隊員留了下來。

海頓的這首《告別曲》是他最後一次爲公爵演奏的機會，指揮之時心情一定相當不捨與哀傷，但是他沒有被這樣的負面情緒打倒，也沒有因此自怨自艾，反而將這種依依不捨的情感融入曲子裡面，其他的團員們也是抱著感恩與感謝的心情，爲公爵做最後一次的演出。

正是因爲他們這樣誠懇的演出，到最終都要求完美的態度，終於感動公爵那難以動搖的心，讓他終於改變主意。

其實，公爵最後有沒有回心轉意倒不是最重要的事情，因爲海頓與其他團員們這樣積極與認眞的態度，以及堅持到最後一刻的精神，就是一種勝利。

要對自己充滿堅定的信心，只要能夠堅持到底，那麼不論最後結果會是如何，至少我們能對得起自己，對得起過去曾經付出的努力。

好高騖遠只會讓機會越離越遠

平凡當中也能見到偉大，如果能夠一步步穩健踏實地努力向目標邁進，那麼，真正的寶藏也必定會藏在我們自己的腳下。

我們都想追求成功、追求財富，都想出人頭地，但是，究竟要怎麼做才能讓自己更接近夢想呢？

或許我們會認爲成功一定來自雄厚的基礎、豐富的資源，或是絕佳的機運，因此，總是以羨慕的眼光，仰望著那些高高在上的「成功者」，期許自己有一天也能像他們一樣。

不過，在可憐巴巴地向上看的同時，我們可能都忽略了自己腳邊，也因而讓成功的機會從身邊溜走。

一個名叫康惠爾的牧師為了幫助許多想上大學卻沒有錢的年輕人實現夢想，決定專門為這些人辦一所大學。

為了籌措資金，康惠爾不斷進行巡迴演講，希望各地的有錢人為大學捐款，但遺憾的是，五年來所籌措的款項還不到一千美元，可是在當時要辦一所大學卻需一百五十萬美元。

最後，康惠爾失望了，重新回到故鄉的教堂。

有一次做禮拜時，康惠爾忽然發現教堂四周的草都枯萎了，他便好奇地問園丁：「為什麼這裡的草不如別的教堂的草長得好呢？」

園丁不經意地答道：「唉，人們常羨慕別人家的青青草地，總希望那就是自己的，卻很少動手整理自己的草地。要知道，別人翠綠的草地背後一定蘊藏著他人勞動的成果。」

康惠爾聽了心中一震，似乎想到了什麼，飛快地跑進教堂撰寫禮拜的演講稿。在他的講稿中有這麼一句話：「幾乎每個人都在等待目標靠近而讓時間白白流走，但為何不努力工作使自己不斷接近目標呢？」

另外，康惠爾還在演講當中講了這麼一個故事：一個農夫聽說鑽石能讓人發財，於是賣掉自己的土地，背井離鄉四處去尋找鑽石。他到過很多地方，卻一直沒有找到鑽石，最後貧病交加只得跳海自殺。

但戲劇性的是，就在他賣掉的土地上，新主人在無意中發現了一塊奇異的石頭，經過專家鑑定那正是鑽石，並且就在這個被農夫賣掉的土地上發現了世界上最大的鑽石礦區。

「財富不僅僅是靠四處奔走，它需要自己去挖掘，要依靠自己的能力去奮鬥，財富永遠屬於那些相信自己能力的人。」康惠爾在故事末這樣寫道。

從此，康惠爾開始這個「鑽石寶藏」的演講，七年之後，他靠這個演講賺了八百萬美元，這對辦一所大學來說已經綽綽有餘了。

美國著名學府康惠爾大學的建成基礎，其實來自一個普通人從一個平凡的故事中偶然獲得的啓示。

其實，康惠爾牧師所說「鑽石寶藏」故事，正是在暗喻自己過往的行爲，他當初爲籌措資金四處演講的行爲，不正跟離鄉背井去尋找鑽石的農夫一樣嗎？

可喜的是，康惠爾最終明瞭了求人不如求己的道理，也才能成功創立大學，造福莘莘學子。

想要成功，就用自己的腳努力接近它。只要肯努力，平凡當中也能見到偉大，如果能夠一步步穩健踏實地努力向目標邁進，那麼，眞正的寶藏也必定會藏在我們自己的腳下。

投入熱情，才能突破工作困境

如果總是抱怨工作不如己意，放棄之前，不妨先試著說服自己喜歡這份工作，對工作投入熱情，也許就能開創出一番新局面！

對許多上班族而言，每天朝九晚五，甚至是晚七、晚八的生活是一種規律，也是一種習慣。不過，每天做著相同的動作、類似的工作，很容易像工廠中一成不變的機器一般，重複著幾乎一模一樣的機械反應。

對這樣的你而言，「工作」是什麼？

難道只是爲了養家活口而不得不進行的勞動？或者像某些人所說的，是「生命中難以承受的有期徒刑」？

如果是這樣，你的人生也未免太悲慘了！何不換個心情去面對自己的工作，把自己的熱情挹注進去呢？

貝格原來是聖路易棒球隊的三壘手，但是在一次比賽中，他的肩膀被球擊傷，不得不終止職業棒球生涯。

離開棒球界後，他找過很多工作，但因為沒有專業知識，也沒有一般工作經驗，這些求職活動都以失敗告終。無奈之下，他到一家公司做起推銷員，因為這家公司的門檻很低，像他這樣沒經驗的人也可以輕易進去。

起初十個月的推銷生涯是貝格一生當中最暗淡、最失意的日子。他處處碰壁、受盡白眼，雖然跑斷了腿，業績還是零。經過冷靜思考之後，他認為「我不是做推銷的料」，準備改行。

就在這時候，一個偶然的機會，他參加了戴爾．卡內基主辦的訓練課程。

在訓練期間的某個晚上，貝格上台練習說話，講到一半時，卡內基打斷他的話，問他：「貝格先生，請問你對自己所說的事情充滿興趣嗎？」

「是的，當然充滿興趣！」

「既然如此，你何不說得更熱情洋溢一些呢？假如你不說得更活潑有趣，又怎能吸引聽眾，產生共鳴呢？你下來吧，我來替你說。」

之後，卡內基上台代替貝格說話。他還是採用貝格原來的談話內容，但措詞、音調及動作與貝格截然不同，說話的時候熱情洋溢、魅力十足，令台下的聽眾如癡如醉。

貝格驚詫萬分，立刻頓悟：「卡內基說的內容和我完全相同，可是效果卻完全不同啊！原來，熱情這麼重要！」

從此以後，貝格決心留在推銷行業，並在推銷中貫徹「熱情洋溢」幾個字。經過一段時間的努力，他終於突破僵局，最終成為一名推銷大王。

「熱情洋溢」這幾個字讓貝格在工作上脫胎換骨，以完全不同以往的心態積極從事他的工作，終於能在另一個領域開花結果。

在我們抱怨老闆、抱怨同事、抱怨客戶、抱怨工作環境之前，不妨先問問自己：對於這個工作自己有多少熱情？

我們夠熱愛它嗎？我們能從中得到滿足與樂趣嗎？我們積極付出了嗎？

仔細想想以上那些問題，也許你就能了解自己工作不順利的關鍵何在。

如果你總是抱怨工作不如己意，並且打算轉換跑道，那麼，在放棄這份工作之前，不妨先試著說服自己喜歡這份工作，試著對工作投入熱情，也許就能開創出一番新局面！

只要肯動腦，就一定做得到

即使握有的資源並不豐富，只要能好好利用充滿巧思的頭腦，並且認真努力去計劃與執行，那又有什麼是我們做不到的呢？

如果你身無分文，又沒繼承房子土地，也非什麼名校畢業，更沒有過人的技能，那你能做些什麼？

事實上，一個這樣子的人物是有可能成爲地產開發公司的董事長的，這不是神話，日本商人見村善三就是如此。

不妨先看看以下的小故事，你就會了解他成功的關鍵。

為了開發房地產，為地方也為自己謀取利益，見村善三專門對土地進行深入的調查，發現工業化社會中真是寸土寸金，而且昂貴的地價使許多想創業或想開工廠的人畏縮不前。

此外，他也發現，在都市外圍的土地就沒有那麼昂貴，其中也有些比較便宜，它們或是圈在別人土地中的死地，或是交通不便的僻地，或是賣不出去的廢地，但這些都是值得開發利用的土地。

於是，他腦海中便逐漸形成一個絕妙的「借雞生蛋」計劃——借用這些廉價土地，租給需要辦廠而缺少廠房的人。

見村善三立即行動，逐一拜訪了廉價土地的主人，向他們提出改造和利用的計劃，土地不必賣出，而是由見村善三負責在上面建造廠房再租給企業家，地主則可以從見村善三手裡每月坐收相當於單純出租土地十倍的租金。地主們聽到這些誘人的條件後，自然樂觀其成。

土地問題解決了，就要找需要廠房的企業家，因此見村善三立即成立見村地產開發公司，積極推銷業務。因為在廉價土地建造的廠房，租金要比市區便宜得多，要找到客戶並不困難。

見村很快就把自己、地主、企業家三家的利益分配關係明確公佈出來：見村從租用廠房的企業家手中收取租金，扣除租用工地代辦費和廠房分期償還金，所剩即為地主收入。換句話說，廠房租金和土地租金的差額再減去建廠房的費用，所剩金額即為見村的收益。

地主、企業家覺得分配方案既合理又誘人，很快便與見村簽約，之後見村善三向銀行貸款，開始蓋廠，且嚴格遵守銀行的貸款規定定時還款。

不出見村所料，這種「借雞生蛋」的做法，不但為地主、企業家、銀行和自己帶來利益，還為地方經濟帶來繁榮，因而得到社會各方面的大力支持和好評。見村地產公司的業務也快速增長起來，僅一年的收入即達二十多億日圓。

資金雄厚後，見村就不再需要貸款了，而且由於企業家和地主紛紛上門洽談業務，使見村善三從建造小廠房發展為建造大廠房，進而營造起佔地廣闊的工業區來。就這樣，見村善三最終成了一個大富翁。

靈活的頭腦、充滿創造力的思維，以及將想法化爲現實的行動力，都是在商場上致勝的法門。

像見村善三這樣的人物，所憑藉的就是上面那幾項「本事」，最終成爲成功的企業家。然而，這幾種能力都不是任何名校或出身背景能提供給我們的，必須靠自己用心摸索，然後靈活運用。

只要你對自己充滿信心，就不會再自卑、徬徨、焦躁、迷惘、盲從。

即使自己手上握有的資源並不豐富，只要我們能好好利用充滿巧思的頭腦，並且認眞努力去計劃與執行，那又有什麼是我們做不到的呢？

你可以不用跑在別人後面

如果你渴望成功，並且相信積極的個性是成功的基礎，那麼請時時刻刻提醒自己：「我就是第一！我一定可以成為第一！」

羅伯特曾經說過：「很難說什麼是辦不到的事情，因為昨天的夢想可以是今天的希望，並且還可以成為明日的現實。」

簡單地說，如果你對成功充滿渴望，並且對於取得成功滿懷信心，那麼成功就一定會降臨在你的身上。

理查·派迪是賽車史上贏得最多獎金的賽車手。他第一次參加比賽，就獲得第二名的好成績，內心非常高興，所以等到比賽一結束，馬上就打電話跟母親報告比賽的結果。

「媽媽！」理查對著話筒興奮地大喊著：「告訴妳，我得到第二名了！」

但是，母親並不像理查想像中那樣高興，而是很平靜地回答：「孩子，可惜你不是第一名！」

母親的回答讓理查興奮的情緒頓時冷卻了一大半，他忍不住跟母親抗議：「媽，妳不認為我第一次參加比賽就拿到第二名，這已經很不容易了嗎？而且這還不是普通的比賽。」

「理查！」母親很嚴厲地回答說：「你必須記住，以你的能力，根本不用跑在任何人後面！」

在接下來二十年的賽車生涯中，理查·派迪稱霸整個賽車界，他的許多項紀錄到今天還沒有被打破，因為，他從來沒有忘記母親的話：「理查，你根本不用跑在任何人後面！」

如果你打從內心決定要成爲第一，那麼你絕對可以取得比現在更好的成績。

如果你是一個渴望成功的人，並且相信積極的個性是成功的基礎，那麼請時時刻刻提醒自己：「我就是第一！我一定可以成爲第一！」

爲什麼要這樣提醒自己呢？

因爲，你本來就可以是第一，就算目前不是，至少也要在心底給自己打氣，只要開始相信自己，你的表現就會越來越好。

Part 4. 在關鍵時刻讓自己更出色

朗費羅曾說：「我們是以自己有能力做什麼事來評斷自己，但別人卻以我們已經做了哪些事來評斷我們。」

專注就是邁向成功的鑰匙

只要你了解的「深度」比別人深、鑽研得比別人透徹，那麼在這個領域當中，你就擁有了邁向成功的鑰匙。

小時候，班上總是有這樣令人羨慕的人，他們似乎讀書、運動、美術都樣樣在行，還會彈鋼琴或珠算等等才藝，在期末成績單上的評語欄裡，老師也總是用「多才多藝」、「聰明伶俐」等誇獎的辭彙來形容他們。

這樣的人總是叫人欽羨不已，不是嗎？

但是，這樣的天賦，卻未必是他未來功成名就的保障，相反的，即使是資質駑鈍，或是在學習方面有障礙的孩子，只要能拋開自卑心理，將來依舊能開創出自己的一片天空。

有個人從小文科成績都是紅字連篇，他的讀寫速度很慢，英文課需要閱讀經典名著時，只能從漫畫版本下手以求低空飛過，他常說：「我的腦袋裡有想法，但是沒有辦法將它寫出來。」

後來，經醫生診斷，這個人患有識字障礙。

這個人之後憑藉著優異的數理成績進入美國名校史丹佛大學就讀，他發現商業課程對他而言比較容易，於是選擇經濟為主修，但在英文及法文方面仍然不及格。之後，他全力投注於商學領域，並獲得ＭＢＡ學位，畢業時，他向叔叔借了十萬美元，開始自己的事業。

一九七四年，他在舊金山創立自己的公司，這家公司如今已名列世界五百大企業中，擁有兩萬六千萬名員工。

他就是施瓦布——嘉信理財的董事長兼執行長。

至今，施瓦布的讀寫能力仍然不佳，閱讀時必須唸出來才能理解其內容，有時候，一本書要看上六七次才能完全了解，寫字時也必須以口述的方式，再藉助電腦軟體完成。

一個先天學習能力不足的人何以能成就一番事業呢?施瓦布的答案是：「由於學習上的障礙，讓我比別人更懂得專注和用功。」

他解釋說：「我不會同時想著十多個不同的點子，每一段時間我只投注於某個領域，並且用心鑽研。」

這種「一次只做一件事」的專注態度，也造就出嘉信數十年的歷史。

當其他金融服務公司將顧客層鎖定在富裕的投資者時，嘉信推出平價服務，專心耕耘一般投資大眾的市場，終致開花結果。

之後隨著科技的進步和顧客的成長，嘉信在每個時期都有專心投注的目標。而且許多階段的成果都成為業界模仿的對象，不斷在金融業立下里程碑。

如今，嘉信理財名列《財富》雜誌中全球最受景仰的二十大企業、全美最適合工作的企業，以及美國《富比士》和《商業周刊》的大企業榮譽榜，成為各管理書籍最常列舉的案例之一。

英國科學家霍金告訴我們一個簡單的道理：「上帝既造就天才，也造就傻瓜，這不取決於天賦，完全是個人努力程度不同的結果。」

施瓦布的天賦可能並不讓人羨慕，但是，他的成就肯定令人欽佩。

爲什麼有著學習障礙的他可以做到這一步呢？答案就是用自信代替自卑，以及「一次只做一件事」的專注態度。

因此，與其貪多嚼不爛，不如專心致志地將心力投注在一件事上，只要你了解的「深度」比別人深，鑽研得比別人透徹，那麼在這個領域當中，你就擁有了邁向成功的鑰匙——那就是無人可比的「專業性」。

在關鍵時刻讓自己更出色

朗費羅曾說：「我們是以自己有能力做什麼事來評斷自己，但別人卻以我們已經做了哪些事來評斷我們。」

每個人都想要當一個聰明人，卻往往很少人懂得要如何在適當時候，展現自己的聰明才智。

即使孔雀具備色彩斑斕的羽毛，如果不知道該在什麼時候開屏，終其一生，也只是一隻平凡無奇的小鳥。

想要飛上枝頭成爲鳳凰，就要抓緊平步青雲的好時機，在關時刻讓自己表現得更加出色。

威爾遜曾經寫道：「要有自信，然後全力以赴，假如有這種信念，任何事情十之八九都能成功。」

的確，一個人倘使沒有自信的話，人生就索然無味，必須切記，我們的人生，會隨著我們的自信多寡，而具有多少價值。

鐵血宰相俾斯麥在普法戰爭勝利後，頒贈十字勳章給所有有功的戰士。

俾斯麥手持十字勳章，親自為一名士兵佩戴。在佩戴的過程中，他隨口問道：「如果你沒有錢，你會認為一百元比這個勳章重要嗎？」

這名士兵想了一下這個問題，恭敬地回答：「長官！據您所知，這枚勳章的價值在哪裡呢？」

「喔！這個……它的價值大概是榮譽吧！不過，這個榮譽只值三塊錢喔！」俾斯麥回答，並幽默地一笑。

士兵聽了，不慌不忙地回答說：「那麼長官，我想，我要這枚勳章和另外的九十七元。」

鐵血宰相一楞，接著哈哈大笑。他十分佩服這名士兵的聰明機智，不由得對他多看了兩眼。

從此，這名士兵的官運也飛黃騰達了起來。

這位士兵在俾斯麥的威儀下，仍毫不畏懼地展現自己的機智，自然引來大家的刮目相看。

許多人「在家一條龍，出外一條蟲」，空有一身武藝，卻總在上台時怯場，以致演出失常，吸引不了伯樂，這怪得了誰？

每個人的一生中都有幾次「關鍵時刻」，你平時累積的才華、技藝都是爲了這些時刻所準備。

眞正能夠技壓群雄的人，不一定具備一百分的實力；他可能只有九十分，卻能適時而充分地展現這九十分，也因而打敗了那些具有一百分實力，卻只表現出八十分的對手們。

美國詩人朗費羅曾說：「我們是以自己有能力做什麼事來評斷自己，但別人卻以我們已經做了哪些事來評斷我們。」

你是個什麼樣的人，最終是別人說了算！你又怎麼能不好好把握每一個表現自己的機會呢？

其實，人認爲你是那一種人，並不要緊，重要的是你自信自己是那一種人，因爲，衡量自己是否有能力，應在於你的自信心如何？也就是只要你認爲你能夠，你便能夠，你認爲你不能夠，你便不能夠。

意志，是最神奇的力量

在現實生活中，類似的奇蹟也經常發生。我們會認為它老套，是因為我們看到了所有的過程，而見不到那個神秘的「意志」。

「意志」是無形的，只有在人們遇到苦難、病痛時，它才會突然出現。不要因爲看不見它而忽略了它的存在，只要你願意相信，你就能在需要的時候，感覺到它神奇的力量。

一天早上，從事進出口貿易的鮑伯出門時，遇到了三名持槍的歹徒。他們把他帶到荒郊野外，不僅搶奪了他身上所有的財物，還在慌亂之中開槍射中他的腹部。鮑伯當場血流如柱，歹徒們一看情勢不對，紛紛落荒而逃，獨留他一個人在草叢裡掙扎。

幸運的是，鮑伯在十分鐘後就被好心的路人發現了，及時將他送進急診室裡，雖然當時他已經奄奄一息，幸好經過長達十八個小時的手術，他終於保住性命。

事後，他回憶這段經歷時說道，當他受了傷躺在草叢中的時候，不斷告訴自己絕對不可以死，他拼命按住傷口，努力想著過去那些開心的事情，不讓自己有機會睡著。

當醫護人員把他推進手術室時，他從他們的臉上看到了絕望。他知道他們並沒有信心把他救活，因為他們看著他的表情像看著一具屍體一樣，他想，自己一定得設法做點什麼才行。

這個時候，有個護士問他有沒有對什麼東西過敏，他點了點頭，所有的人也都停下來等待他的答案。

他深深地吸了一口氣，然後用盡全身的力氣大喊：「子彈！」

全部人都笑了出來。隨後，鮑伯告訴他們他還想要活下去，請把他當成一個活人來救。在鮑伯被推進手術室前，醫生曾經告訴家屬手術成功的機會只有百分之十，結果證明了，只要你選擇這百分之十，再加上充足的信心，它就可以變成百分之百的成功。

電影裡常常會有這種情節，披著白袍的醫生告訴昏迷病人的家屬說：「我們已經盡力了，接下來就要靠病人自己的意志了。」然後，千篇一律的，病人總是會奇蹟似地從昏迷中甦醒過來，一家人喜極而泣，氣氛和樂融融。

不要以爲這只是電影爲了賺人熱淚所刻意營造的情節，在現實生活中，類似的奇蹟也經常發生。

我們之所以會認爲它老套，是因爲我們看到了所有的過程，而見不到那個神秘的「意志」，那分無論在多麼無助的情況下，都仍然存在體內主宰我們的神奇力量。只要你願意努力，就一定能憑著自己的意志創造奇蹟。

步步爲營，才不會掉入陷阱

心理的強度是最終能否獲得勝利的重要關鍵，唯有步步為營、穩健地實現計劃的人才能獲得最後勝利。

當我們不斷驅策自己走在競爭的道路上，有一句話我們時時都要牢記：一時的失意未必是眞正的失敗，一時的得意更未必是眞正的成功。

只有到最後都步步爲營的人，才能穩健地歡呼收割。

一九七二年的一場國際象棋爭霸賽中，一名叫巴比·費雪的選手利用先犧牲的心理策略，成功戰勝了他一直無法超越的史帕斯基，取得了冠軍。

那是一九七二年五月，當天比賽就要開始了，但巴比．費雪遲遲沒有露面，讓他的對手史帕斯基等得心煩意亂。

最後，在開賽前一分鐘，費雪終於來了。但他一來就抱怨這抱怨那，一會兒說大廳的燈光太刺眼，一會兒說攝影機的聲音太吵，一會兒說椅子不舒服。在第一局比賽中，費雪開局不久就下了一步爛棋，一步他下棋生涯中最差的棋，這步棋更顯示出他打算棄子投降的樣子。

在史帕斯基眼中，費雪是一個從來不棄子投降的人，但是這一回卻大出他意外之外，費雪真的棄子投降了。

第一局失利之後，費雪的抱怨更多了，不論什麼事都要挑出毛病來。

這些抱怨讓史帕斯基認為費雪的心態很糟糕。

第二局比賽，費雪又沒有準時出場，受到取消第二局出賽權的處罰。

這時，史帕斯基更加堅定地認為費雪已經心神不寧了。

在第三局開時始，費雪又犯了一個很基本的錯誤，下了一著爛棋，讓史帕斯基感到十分困惑。然而，就在史帕斯基困惑之際，費雪已經取得了勝利，但史帕斯基連自己是怎麼輸的都不明白。

接下來，輪到史帕斯基犯了非常不應該的基本錯誤。下到第六局時，史帕斯基因為輸棋而流下眼淚；下第八局時，史帕斯基終於明白費雪是運用先犧牲的策略來擾亂他的心神，讓他困惑，他在心理上和策略上已經輸給費雪了。

事實上，費雪的心態從一開始就很好，他只不過一直都在偽裝，遲到、抱怨、輸棋和受處罰都是他表演出來的。倒是從來沒有輸過的史帕斯基，經過這些擾亂，心態卻變糟了。

下第十四局時，史帕斯基甚至懷疑自己遭到「暗算」，聲稱自己喝的橘子汁被人下藥，還覺得空氣中有某種令人窒息的化學物質，甚至懷疑有人在他的椅子上動手腳，讓他感到非常不舒服。

可是，飲料和空氣都接受了專家的檢測，甚至還替椅子做了X光檢查，卻沒有找到任何不正常的地方。他居住的地方也做了周密的搜索檢查，除了發現兩隻死蒼蠅外，什麼也沒有發現。

專家的檢測結果並沒有讓史帕斯基的心神安寧下來，甚至產生了幻覺，最後不得不中途認輸。這一仗，他不僅輸給了從來沒有戰勝過他的巴比．費雪，而且輸了一生的棋業，不久他退出棋壇，從此一蹶不振。

論棋藝，或許兩人旗鼓相當，甚至史帕斯基還比費雪強上一些，但是最後的結果，卻出乎衆人意料之外。

歸結其中原因可以發現，史帕斯基其實並不是敗給了費雪，而是輸給了自己。因爲若不是他掉入費雪的心理陷阱，這場棋賽應該是他的囊中物。

或許，我們會對史帕斯基有些同情，並認爲費雪的計謀未免有些卑鄙，然而，現實人生與這場棋賽一樣，心理的強度也是最終能否獲得勝利的重要關鍵，唯有懂得增強心理建設，穩健地實現計劃的人才能獲得最後勝利。

別把自己限在過去的框框裡

觀眾不看了，有更年輕的人選取代你了，你再怎麼留戀這個舞台，也必須下台，這個世界就是這麼現實。

傑克．尼克勞斯曾經寫道：「一個成功者，大部份的成就來自於他人不斷提昇自己的抱負與期望。」

人沒有什麼好自卑的，何必浪費時間在乎別人如何「小看」自己，應該將這些時間用來充實自己，去做別人原本認爲自己絕對做不到的事。

人生的舞台不只一個，你所能扮演的角色也不只一個，一齣戲演完了，你可以再演另一齣，何必把自己限在過去的框框裡呢？

歲月不饒人，運動員的生涯是很短暫的。帕特．萊里原本是個受萬人矚目NBA球員，在年歲漸長、體力也逐漸走下坡之後，他被毫不留情地踢出了NBA。

鎂光燈下的星星一旦失去了耀眼的光芒，那麼只會被當成一顆擋路的隕石，人很現實，人生更是不得不現實。

帕特．萊里離開了他長久以來習以為常的生活世界，這意味著他同時得離開自己生命中的一部分，朋友、同事、一分引以為傲的職業、一個安定無虞的生活。這些更意味著奮鬥了這麼多年之後，他將一無所有，再度歸零。

帕特．萊里很痛苦，他無法接受這種改變，心裡滿是怨氣，他花了好長一段時間自艾自憐，還試圖用酒精麻醉自己。

直到有一天，他突然想到，如果當初自己沒有成為一位運動員，那麼他將會成為什麼呢？他也曾經有過其他的夢想，嚮往不同的生活，如今，該是實現這些可能的時候了！

他想起自己小時候曾經是個忠實的小球迷，但他從沒想過有一天自己也能站在場上發光發亮，當時，他最大的願望就是成為球場的清潔工，每天可以看到許多運動場上的大明星，於是他想著：「為什麼不趁現在去替自己圓夢呢？」

帕特．萊里立定志向之後，重新回到球場，不過這一次，他是用不同的身分，他從最低層的職務開始做起，先是做巡迴賽秘書，然後做湖人隊比賽的球評。

一年半之後，他簽約擔任了助理教練，憑著他傲人的球技與經驗，不到兩年的時間，他就成了湖人隊的總教練。

劇作家易卜生說：「真正的強者，善於從順境中找到陰影，從逆境中找到光亮，時時校準自己前進的目標。」

自信是對自我價值的積極展現，是對自我能力的堅定信賴。自信是希望的明燈，會指引著我們渡越危機四伏的海洋中，抵達夢想的港口。

當生活或工作陷入困境，不妨多動腦多變通，把僵化、固執的想法從腦中除去，爲自己找到最好的出路。

帕特．萊里在投籃失利之後，並沒有懊悔太久，他立刻轉身用最快的速度接下籃板球，結果他贏了，因爲他把握了每一次投籃的機會。

在人生的舞台上，無論你扮演的是哪一種角色，最後都難免會有曲終人散的時候。即使你演得再怎麼得心應手，觀衆不看了，有更年輕的人選取代你了，你再怎麼留戀這個舞台，也必須下台，這個世界就是這麼現實。

不過，你不必自怨自艾，不妨靜下心來好好想一想，你還能做什麼？

改變自己的思路，勇敢地踏出第一步吧！你會發現，其實世界很遼闊，你的未來仍然掌握在自己手中。

開發獨創性的想法

想要成功致富，就必須開發出獨創性的想法，並且積極執行。只有不斷翻轉自己的大腦，才有可能從豬頭變龍頭。

想要成功致富，就必須開發出獨創性的想法，並且積極執行。只有不斷翻轉自己的大腦，才有可能找到新的出路。

美國古生物學家奧斯本說：「能注意事勿的各個方面，就能多方面發掘問題。經常如此訓練自己的頭腦，就能產生獨創性的構想。」

致富的路徑有千千萬萬條，不過，好不容易找到成功致富的途徑後，更重要的是要如何規劃它、實踐它。

看看下面這則故事，也許盧伊茲成功的例子能給你一些啟發。

巴西有個名叫盧伊茲．卡洛斯．布拉沃的企業家到劇院裡觀看演出，有一次，他看到一個說笑話的節目，不禁被演員所講的笑話逗得捧腹大笑。

大多數觀眾笑完後就忘了此事，但盧伊茲卻與眾不同，他反覆思考此事，並認為「笑話」是一個可以賺錢的「商品」。

經過周密的研究分析之後，盧伊茲決定成立一個獨特的電話服務公司，名字就叫「笑話公司」。

他千方百計匯集了世界各國出版的五百多冊笑話選集，從中挑選成千上萬則精彩的笑話，請專家譯成英語，並使它們富有英語的幽默感，然後再聘請喜劇演員把這些笑話一則則錄下來。

這樣一來，只要用戶付一定的費用，就能在電話台上增設一個專用號碼，只要一撥通這支電話就能聽到令人哈哈大笑的笑話。

這一項別開生面的業務一開張，就受到廣大聽眾的歡迎，盧伊茲也從中獲得源源不斷的收入。

為了保護自己的專利，盧伊茲先在巴西全國工業產權局進行註冊登記。不久，隨著業務的拓展，他在英國等十六個國家也進行專利的註冊。

他還在先後與巴西三百個城市的電話局簽訂合約，安裝特別設備，利用它們開展自己的笑話業務。有了國內業務的基礎後，他又進軍英國、日本、德國、法國、希臘、阿根廷、智利、西班牙等海外市場，年業務額達三千多萬美元，盧伊茲很快就變成大富翁了。

你一定沒想到笑話也可以拿來賣，而且還能大賺一筆。

盧伊茲笑話事業成功的關鍵在於他用最好的方式來呈現他的「商品」，他顯然認爲，一個笑話好笑的重點在於「表演」的方式，如果說笑話的人是一個說學逗唱樣樣精通的說話高手，那麼一定比平面、無聲的笑話集有趣的多。

他也考慮，成功的笑話「服務」除了在「表演」上要做到最好，且用電話提供服務的方式不但可以免去被盜版的困擾，還能讓想要轉換心情的人能夠很方便地以一通電話聽到笑話，不用再上街買CD或錄音帶。

就是這樣周全的考慮，才使得一則則看似不值錢的笑話能以最佳方式呈現在大衆面前，並爲盧伊茲帶來大筆財富。

在商場上成功的要點爲詳盡周密的考慮，以及用最佳的方式呈現商品。我們雖然無法複製盧伊茲的點子，但是可以模仿他成功的模式；若是你已經有創新的點子，不妨對自己多一點信心，相信一定對你有所幫助。

靈機一動，改變命運的律動

每一天都有人以富有創造力的頭腦發明出產品，不但改善了人類的生活，也為自己帶來財富與名聲。

諾貝爾獎文學獎得主加西亞．馬奎斯曾在小說中寫道：「生活不過是不斷地給人機會，好讓人有活下去的希望。」

生活中總會遇到許多不方便的事情，但不知道你是否曾經想過：用一點小小的創意就能改變原先不便的生活，甚至還能使自己名利雙收呢！

先別急著質疑這個說法，看看下面的小故事，你就能了解「靈機一動」有多大的影響力。

有一天，窮畫家律蒲曼正專心致志地畫畫，但要修改時卻找不到橡皮擦，而好不容易擦去需要修改的畫面後，卻又不知道把鉛筆放到哪去了。

他從中吸取教訓，把橡皮擦與鉛筆用絲線綁在一起，這樣可以避免兩者分開之後不方便尋找。

可是這種方法不牢固，使用一會兒，橡皮擦就掉下來了，很不方便。他心有不甘，剪下一塊薄鐵皮把橡皮擦和鉛筆末端包起來，再壓兩道淺溝固定，如此一來，使用時就再也不會掉下去了。

這時，他忽然靈機一動，想道：「附有橡皮擦的鉛筆一定會受到畫家和學生的歡迎，我何不就這樣做呢？」

於是，律蒲曼向親友借了幾十美元到專利局辦理專利申請手續，很快就得到確認。不久，他的這項新發明就被雷巴鉛筆公司買下，原本生活潦倒的窮畫家一下便獲得了五十五萬美元的專利費用，從此改變了他的一生。

五十五萬美元可是窮畫家要花很長一段時間才能賺進的一筆數字，可是律蒲曼卻靠著把一塊橡皮擦固定在鉛筆後面的新發明一夕致富。

但是，可別說這個創意很容易，因爲自從人類發明鉛筆與橡皮擦以來，一定有許多人被相同的問題困擾，但卻沒有人像律蒲曼一樣想出這種點子並申請專利，這就足以說明他爲何能獲得這筆財富了。

在這個「創意與智慧財產等於財富」的時代，每一天都有人以富有創造力的頭腦發明出產品，不但改善了人類的生活，也爲自己帶來財富與名聲。

我們不一定要像發明電燈的愛迪生或發明電腦的工程師一樣具有高超的科學知識，只是要像律蒲曼一樣，能抓住那靈機一動的創意，如此一來，說不定下個改變世界與自己命運的人就是你呢！

靜觀其變，機會就會浮現

若有強取豪奪也爭不到的東西，那不妨退一步，換一個位置。當壓力與重擔轉移到對方頭上時，我們會更有時間與餘裕充實自己。

人生的路途上總是有高峰，有低谷，然而，當我們知道自己已經到達谷底，彷彿一切籌碼與勝算都已失去時，卻不能灰心喪志。

因爲，沉潛是爲了另一波高峰的到來；有的時候，以退爲進反而比一直處在高峰上更能行得遠、行得久。

十六世紀時，俄羅斯國王伊凡四世想進行一次徹底的改革，但是他的勢力太小了，而且還受到俄國貴族階級的控制。俄國的貴族階級限制了他的權力，靠恐怖手段控制著人民，和伊凡進行對抗。

一五六四年十二月三日，伊凡沒有做任何解釋就離城而去，在莫斯科南方的一個村莊裡落腳。當時，人民擔心伊凡把政權交給殘暴的貴族階級，情緒開始騷動，最後整個國家陷入了無政府狀態。

一五六五年一月，伊凡寫了一封信給人民，聲稱是貴族階級的背叛讓他決定永久退位。公開信強烈地震撼了人民的心，許多民眾蜂擁到街上遊行示威。面對這種局勢，貴族們害怕了，乞求伊凡復位。

伊凡耐心聆聽他們的請求，但是不肯改變心意，他堅持地表示，如果要他復位，就必須賦予他絕對的權力，由他完全統治國家，貴族階級不許干涉。

最後，貴族們妥協了。

面對混亂與騷動，幾乎每一位俄羅斯成員都希望伊凡回到莫斯科，重建法律與秩序。那年二月，伴隨著隆重的慶典與人民的擁戴，伊凡重返莫斯科，並且控制了一切權力，終於順利施行期望中的改革。

《易經》上有句卦辭叫做「潛龍勿用」，意思是「君子韜光養晦，以待時機」。

伊凡四世能夠演出這一場「以退爲進」的好戲，顯然代表他也了解「韜光養晦，以待時機」的道理。

若有強取豪奪也爭不到的東西，那不妨退一步，換一個位置。當壓力與重擔轉移到對方頭上時，我們會更有時間與餘裕充實自己，並能靜觀局勢變化，相信只要耐心等待，有利的機會一定會慢慢浮現。

爭一時，更要爭千秋，伊凡四世這一步走得漂亮，值得我們好好學習。

誠實才是最正的策略

在做決策的時候要將眼光放遠，誠實雖然會蒙受一時的損失，但是用長遠的眼光來看，那絕對是最正確的選擇。

建立蘇維埃政權的列寧曾經說過：「為了能夠分析和考察各種狀況，每個人都應該在肩膀上長著自己的腦袋。」

這是因爲，人若是不長腦袋，觀察和判斷事情就會出現盲點。

和別人互動的過程中，我們都曾面臨「說或不說」的兩難局面。如果將實情全盤托出，可能會傷害自己與他人的利益；如果把事情隱瞞起來，卻又害怕東窗事發時會招來更無法挽回的結局。

這個時候，我們到底應該怎麼辦呢？

看看下面的例子，也許能幫助你安然面對這種兩難的局面。

有一天，美國亨利食品加工工業公司總經理亨利．霍金士先生很偶然地在化驗鑑定報告單上發現，他們生產的食品配方中，用來做為保鮮作用的添加劑有毒，雖然毒性不大，但長期服用仍然對身體有害。

如果從配方中刪除添加劑，食品的新鮮度就會受到影響；如果將這件事情公佈於眾，又必然會引起同行們的強烈反對。

那到底該怎麼辦呢？

亨利．霍金士只好召集高層管理人員進行討論。

會議中有人說：「如果公開了，食品界的同行一定會全力攻擊我們。公司發展到現在這個階段並不容易，我們冒不起這個險。」

但也有人主張：「可是，如果現在不公開，早晚還是會被人發現，到時就難以

收拾了，很可能會引起一場危機。」

最後經過權衡利弊，亨利公司毅然決定向社會宣佈添加劑有毒，對身體有害，以後亨利公司的食品都不會用這種添加劑了。

這個舉動果然立即引起整個業界的反感，所有從事食品行業的老闆都聯合起來，用盡一切手段攻擊亨利公司，並指責他們別有用心，打擊別人以抬高自己，許多食品公司還聯合起來抵制亨利公司的產品，使亨利公司幾乎倒閉。

但是，亨利公司真誠對待消費者，重視消費者健康的行為，得到了消費者的大力支持。

最後，亨利公司得到政府和民眾的支持，產品成為人們信賴的熱門貨。在很短的時間裡，公司不僅恢復了以往的生機，規模還擴大了兩倍，霍金士也因此一舉登上美國食品加工業的第一把交椅。

法國思想家狄羅德曾說：「謊話可以有用一時，從長遠來看，它必然是有害的。反之，真話從長遠來看必然有用，儘管暫時也會發生害處。」

「誠實是最好的政策」，如果亨利公司當初做了另外一個決定，他們就無法得到大眾與媒體的信任，又怎能登上食品加工業的第一把交椅呢？

因此，在做決策的時候要將眼光放遠，特別是在這個資訊爆炸的年代，事情的眞相不會永遠不爲人知。誠實雖然會蒙受一時的損失，但是用長遠的眼光來看，那絕對是最正確的選擇。

Part 5. 用正面的心態面對失敗

「失敗為成功之母」，
但這句話的先決條件是：
要從失敗中學得經驗並獲得啟發，
更重要的是要繼續努力，不就此放棄。

沒有挫折，哪能歡喜收割？

在一次成功之前可能會遇到一百次的失敗，然而只要不被這一百次挫折擊倒，持續努力不懈，那一定會有歡喜收割的一天。

要得到一次成功需要幾次嘗試？運氣極好的人，也許可以在很短的時間內一舉成功，但絕大多數的例子都告訴我們：好事往往多磨，越是偉大的成就，越需要努力、毅力與恆心。

這種情形正如本田公司創始人本田宗一郎所說的：「成功只能藉由不斷的失敗和反思獲得，即便百分之九十九的努力都會白費，只有最後那百分之一的努力才能換來成功。」

希拉斯·菲爾德年近七十時積累了一大筆財富，原本可以安享晚年的他卻突發奇想：「何不在大西洋的海底鋪設一條連接歐洲和美國的電纜呢？」

如果這個奇想實現了，帶來的商業價值是無法估量的，但相對的，這個工程的浩大也是難以想像的。

於是，菲爾德開始籌措資金，使出盡渾身解數後，總算從英國政府那裡獲得資金。這筆資金得來不易，因為在議會的投票表決中，僅以一票之差通過，這件事似乎預言了菲爾德的創舉將會有多艱辛。

果然，當菲爾德開始鋪設電纜時，鋪設不到五英哩電纜就斷了。於是，菲爾德又進行第二次鋪設，但當電纜鋪到二百英哩長時，電纜上的電流消失了，這證明電纜又斷了。他只好又重新購買了七百英哩的電纜，並且請最優秀的專家、買最先進的機器來從事這項工作。

遺憾的是，當七百英哩長的電纜快要鋪完時，電纜再次斷了。

連番失敗使菲爾德的員工徹底洩氣了，媒體和社會大眾也紛紛嘲笑菲爾德的「壯舉」，那些投資者也沒信心了，不願再繼續向大西洋中「扔錢」，唯獨菲爾德沒有放棄，他用自己的口才說服合作者，使這項工程又得以開工。

這次總算一切順利，電纜鋪設完了，並且電流正常，然而就要完工的時候，電纜上的電流還是突然中斷了。

此時，除了菲爾德和兩個朋友外，幾乎沒人不感到絕望。菲爾德始終抱持信心，最後又找到投資人，開始新一次的嘗試，也買來品質更好的電纜。這次前半段的鋪設都很順利，但在鋪設橫越紐芬蘭的電纜線路時，電纜突然又折斷掉入海底，仍舊無法成功。

於是這項工作就此停了下來，且一停就是一年。

不過，一年之後，菲爾德又成立一家新公司來繼續這項工程。直到一八六六年七月十三日，這項壯舉終於完成了，菲爾德發出第一份橫跨大西洋的電報，電報內容是：「七月二十七日，我們晚上九點達到目的地，一切順利。感謝上帝！電纜都鋪好了，運行完全正常。希拉斯·菲爾德。」

至今，菲爾德和他的同仁們鋪設的電纜仍然被人們使用著，而且再用幾十年也不成問題。

日本企業家稻盛和夫曾說：「人生的道路都是由心來描繪的。所以，無論自己處於多麼嚴酷的境遇之中，心頭都不應為悲觀的思想縈繞。」

這則小故事讓我們知道，在這條世界第一的海底電纜背後埋藏了多少次挫折，工程難度之高簡直令人難以想像。然而，菲爾德驚人的毅力與決心終究戰勝大西洋暗潮洶湧的海底。

在一次成功之前可能會遇到一百次的失敗，然而只要我們不被這一百次挫折擊倒，持續努力不懈，那一定會有歡喜收割的一天。

抓住靈感，機會就會降臨

如果我們能像瓦特一樣，仔細觀察周遭事物，時時保持頭腦靈活與柔軟，那麼我們的人生一定能充滿創意與驚奇！

不論我們從事什麼工作，總會遇到難以解決的問題，在日常生活當中，也常常會覺得生活一成不變，而且我們越急切想尋求新奇的創意意，甚至遍尋群書、求助於人，越找不出方法。

究竟那些新奇創新的巧思藏在哪裡呢？看看以下的小故事，或許你會發現自己忽略多少靈感與創意而不自知呢！

英國發明家瓦特二十歲以前在英國格拉斯哥大學工作，負責修理教學儀器。有一天，格拉斯哥大學的機門蒸汽機壞了，學校要求瓦特前去修理。

瓦特在修理的過程中，發現這種機門蒸汽機有嚴重的缺點，它的氣筒裸露在機體外，因而四周的冷空氣會使氣筒的溫度下降，蒸汽放進去以後熱效還沒有充分利用時，蒸汽就變成水了，白白浪費掉四分之三的蒸汽。於是，瓦特想要對這種機門蒸汽機進行改造，以提高效率。為此，瓦特像著了迷一般成天思考，還去圖書館裡查閱大量資料、進行深入研討，可惜就是找不到有效的方法。

某個夏日的早晨，天氣晴朗，瓦特在校園裡一邊散步一邊思考。隨著太陽升起，四周的景物顯得格外亮麗。

突然，瓦特的腦中電光石火般冒出一個念頭：如果在氣筒外面再加上一個分離凝結器，使氣筒與凝結器分開，不就可以解決熱能浪費的問題了嗎？

一想到這裡，瓦特立即跑向工作室著手進行實驗。

經過幾天實驗，瓦特終於成功創造出高效率的新型蒸汽機，並在一七六九年，取得了「降低火機的蒸汽和燃料消耗量的新方法」的專利。此後，瓦特又多次對蒸汽機進行改造，使它能夠在工農業生產中得到廣泛應用，對推動工業革命的發展起了重大的作用，瓦特也因而被人們稱為「蒸汽機大王」。

瓦特那天的散步可眞爲他開啓了一扇門，可不是嗎？

但仔細想想，若是他只顧低頭思考，對身旁的東西視而不見，那就看不見四周的景色，也就不會突然迸發出這樣充滿巧思的靈感了。

我們積極尋求工作上或生活中的靈感，但是，靈感可不一定會在圖書館看見裡尋獲，也未必在任何我們想像得到的地方獲得。就像人的一生中可以看見成千上萬次朝陽初升的景象，但卻只有瓦特不但看見太陽的升起，也看見那稍縱即逝的靈感與良機。如果我們能像瓦特一樣，仔細觀察周遭事物，時時保持頭腦靈活與柔軟，那麼我們的人生一定能充滿創意與驚奇！

毅力與品格才是成功的保證書

想開創一番自己的事業，或是想在既有的領域中好好發揮，千萬不要忘了，毅力與品格將會是你不可缺少的成功特質。

想要成功開創一番事業最需要的是什麼？資金？資源？或是經驗與知識？也許這些都是創業的要素，不過並不是保證成功的條件，不然怎會有那麼多人投入大筆資金、聘請優秀人才後仍創業失敗？

相反的，有人欠缺這些條件，依舊能白手起家且最終成爲億萬富翁，這兩者的差別在哪裡呢？

一九六五年，藤田畢業於日本早稻田大學經濟系，在一家電器公司上班。直到一九七一年，藤田才決定開創自己的事業，經營麥當勞生意。

麥當勞是世界著名的連鎖速食店，沒有相當的財力是無法取得，特許經營權的，但當時藤田才從學校畢業幾年，只是一個普通的上班族，總積蓄只有五萬美元，家裡也沒有能力支持他。要加盟麥當勞必須向麥當勞總部繳納七十五萬美元的現金，而且還必須有一家中等以上銀行的信用證明。

雖然資金遠遠不足，但他還是決心要加盟麥當勞，因為他看到了這一產業的巨大潛力，因此開始在親戚朋友中借錢。可是，經過五個月的籌資，他卻只借到四萬美元，離七十五萬美元還有一大距離，一般人在這種時候肯定灰心喪氣，但藤田沒有，依舊努力籌措資金。

某一個早上，藤田走進住友銀行總經理辦公室。這裡本來不是他該來的地方，因為他沒有任何資產可抵押，根本就沒有向銀行借錢的資格，但他還是來了，誠懇

地向總經理表達自己創業的心願，並詳細述說自己的創業計劃。

不過，總經理給他的答覆是：「你回去吧，我考慮一下再答覆你。」

這句話怎麼聽都像是一句推託之辭，藤田心中自然非常失望，但他沒有洩氣，片刻後他就鎮定下來，繼續懇切地對總經理說：「先生，能讓我說說我現有的五萬美元存款是怎麼來的嗎？」

「喔？你說吧。」

「那五萬美元是我在過去六年中按月存款的結果，」藤田說：「在六年時間裡，我每月堅持存下三分之一的工資，從未間斷。雖然在這六年裡，我曾經無數次面對經濟困難的情況，但我都咬緊牙關，努力撐了過來。有時候，我遇上計劃外的開支，但我還是堅持存款，甚至為了存款而厚著臉皮向朋友借錢。我之所以堅持要存款，是因為我在走出大學校門的那一天就下定決心要在十年內存到十萬美元，然後用這筆錢開創事業，不過，現在創業的機會來了，我必須提前開創事業。」

總經理越聽越認真，最後他詢問藤田存錢的那家銀行地址，對藤田說：「年輕人，我下午就可以答覆你。」

藤田離開後，總經理立即開車前往藤田存錢的那家銀行，親自了解藤田存款的情況。櫃台小姐告訴總經理：「你是問藤田先生啊？他是我接觸過的客人中最有毅力、最有禮貌的年輕人，在過去六年裡，他真的每月準時到銀行來存錢，我實在非常佩服他的毅力。」

聽了櫃台小姐的說法後，總經理大為感動，馬上打電話到藤田家裡，告訴他住友銀行將無條件支持他開創麥當勞事業。

總經理感慨萬分地解釋支持藤田的理由：「我今年已經五十八歲了，論年齡，我是你的兩倍，論收入，我每個月的薪水是你的三十倍，但是，直到今天我的存款都沒有你的多，僅這一點我就自愧不如、敬佩有加。我很放心把錢借給你這麼嚴謹、這麼有毅力的人，同時，我敢保證你將來一定會成功。」

這位總經理的確沒有看錯人，現在日本所有的麥當勞都是藤田的，他早已成為億萬富翁了。

看完這個故事我們會發現，想要創業，資金、經驗……等條件固然相當重要，但是要長久穩定地經營事業，最大的關鍵還是在於自身的毅力與品格。

藤田在年輕時就立定志向，並且在進入社會之後加以實現，即便沒有人監視他、沒有人逼迫他，但他就是能夠在各種極端困難的情況下，從微薄的收入當中，每個月固定存入一定數量的金額，一步步實現他的理想。

光是這一點就足以讓人感受到他務實平穩、律己甚嚴的性格，那位住友銀行的總經理正是了解藤田這樣的性格與毅力，才會願意將創業金借給藤田，因爲他知道：能夠這樣認眞、踏實地爲未來做準備的人，是絕對不會失敗的。

如果你也正想開創一番自己的事業，或是想在既有的領域中好好發揮，千萬不要忘了，毅力與品格將會是你不可缺少的成功特質。

有前瞻的眼光才能迎向成功的曙光

只會追隨前人的腳步，或一窩蜂地與他人爭搶狹小的市場版圖，那就註定一無所成，因為缺乏前瞻的眼光，就等於放棄未來。

蘇聯詩人儒可夫斯基曾經寫道：「鳥有翅膀能飛到天空，人沒有翅膀，但憑著智慧的力量，也可以神遊天際，看見寬闊的視野。」

人越有智慧，觀看的視野就越寬闊，也越具備前瞻性的眼光，可以清楚地預見未來世界的發展趨勢。

洛克斐勒是二十世紀美國最有名的石油大王，擁有無數的財產。然而，在他發跡的過程中卻有許多發人省思的故事，以下的這則小故事足以告訴我們前瞻的眼光有多麼重要。

約翰．洛克斐勒是如何發現石油事業的商機呢？

當時，他注意到，雖然美國中南部的石油儲量非常豐富，但由於石油冶煉加工方法十分原始，產量非常低，而且使用起來也不安全。不過，洛克斐勒認為，這正是他的機會所在。

他先是找了一個人合夥，就是曾經與他在同一個機械廠工作過的維修工，名叫塞繆爾．安德魯。一八七〇年，洛克斐勒利用合夥人發明的新冶煉加工方法冶煉出他們第一桶石油，由於油質很好，生意很快就逢勃發展。

後來他們又增加一個合夥人，名叫弗萊格勒，但是過了不久，安德魯表示他對現狀不滿，希望退出合夥關係。

洛克斐勒問他：「當初這個公司是我與你合夥設立的，照理說一人應該可以得到一半的利潤。現在你要退出，你要什麼做為你的補償？」

安德魯想，那就填一個讓自己下半輩子都可以好好享受的大數字吧，如果洛克斐勒不同意，再慢慢跟他談。於是，他只想了一下，就在支票上寫上「一百萬美元」。

安德魯本以為洛克斐勒會認為他在開玩笑，沒想到洛克斐勒只是默默地將那張支票收起來，而且不到二十四個小時，洛克斐勒就將這筆錢遞到安德魯的手中。在請他簽字退出公司後，洛克斐勒說：「你只要一百萬美元，而不是五百萬、一千萬，要價真的不高。」

安德魯覺得洛克斐勒是在吹牛，因為當時公司雖然已經開始賺錢，但是所賺利潤的一半還離一百萬美元一大段距離，不禁在心裡笑洛克斐勒是傻瓜，收下錢之後就離開了。

可是，他沒料到的是，在接下來的短短二十年中，這個資本額只有一千美元的小冶煉廠如滾雪球般地迅速成長為一個具有市場壟斷能力的巨大企業——美孚石油公司，總資產達到九千萬美元，股票價格也升至每股一百七十美元，公司的市場價值則高達一億五千萬美元。

安德魯雖然從洛克斐勒手中拿到當時算是相當高的金額，但他後來的人生恐怕會活在無盡的後悔當中，並不斷埋怨自己當年爲何如此輕易地讓出公司。因爲，眼見美孚石油公司日漸茁壯，但當初研發出關鍵性新冶煉加工方法的安德魯卻無法再獲得任何利潤。

相反的，洛克斐勒則對自己的公司深具信心，更相信石油行業裡的商機，這件事顯現出他了不起的前瞻眼光，這點正是一位企業經營者必備的條件。

如果一個創業者、經營者只會追隨前人的腳步，或一窩蜂地與他人爭搶狹小的市場版圖，那就註定將來一無所成，因爲缺乏前瞻的眼光，就等於放棄未來的希望與無限商機。

讓批評成爲進步的動力

有羞恥之心的人才能適時對自己的所作所為進行反省，也才能劍及履及地改善自己不好的惡習與缺點。

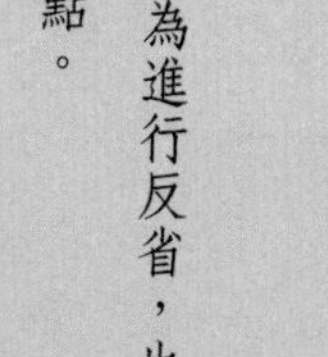

人都不喜歡聽到批評的話語，有人面對批評時，還會惱羞成怒地反過來抨擊對方；甚至有人還會質疑對方的立場和動機，懷疑對方的批評不過是「酸葡萄」心理作祟罷了。

但是，這些心態都無法幫助你成長，只會使自己更加自鳴得意、畫地自限而已，最終難有一番作爲。

讓我們先來看看下面的小故事，再仔細想想，要如何將對方的批評轉化爲自己進步的動力呢？

維克多是著名的有機化學家，於一九二一年獲得諾貝爾化學獎。他的成就與自身的努力息息相關，但一位年輕女性對他的「激勵」卻是功不可沒。

維克多生活在一個富有的家庭，年輕時游手好閒、不務正業，有許多酒肉朋友，成天就與他們一起玩樂。

在一次盛大的宴會上，他見到一位年輕美麗的小姐，想要親近她，於是上前搭訕。沒想到那位小姐冷冷地說：「我知道你是誰，請你離我遠一點，我非常不欣賞你們這種不做正事的花花公子！」

維克多第一次碰到有人對他如此冷漠，雖然怒不可遏，但是並沒有失去理智，反倒像一個一直昏睡不醒的人，被人突然猛擊後醒來。

就在那天晚上，他開始反省自己的過去並感到非常悔恨和羞愧，他在之後寄給家人的信中寫道：「經過這件事之後，我要刻苦地努力學習，相信我將來一定會創造出一些成績。」

後來，他果然成功了，還成為名留青史的偉大化學家。

維克多的確應該感謝那位小姐的直言不諱，但是最重要的，還是他遭到批評之後懂得深刻反省。

許多人對於遭受批評這件事抱持著負面的想法，認爲那是一種侮辱，因此常常惱羞成怒，不但無法冷靜下來好好反省，反而對提出批評的人大發脾氣，實上，這樣子對自己是有害無益的。

我們當然不用把別人所說的話句句當眞，但是我們不能忘記批評是進步的動力。如果那位小姐沒有用一句話將維克多打醒，他可能要花更多時間才能眞正認識自己到底是什麼模樣，才能醒悟自己所過的生活是多麼無意義，或許，這個世界就會少一個偉大的化學家了。

維克多的羞愧之心是脫離過去游手好閒生活的關鍵，如果他不知道反省，那麼不論別人再怎麼批評他，對他而言也如馬耳東風，起不了任何作用。

我們難免有受到批評的時候，如果有人指著你的鼻子說你不好，那麼，在你憤憤不平地回嘴之前，不妨先想一想：「他說的是眞的嗎？我是不是眞有需要改進的地方？」

有羞恥之心的人才能適時對自己的所作所爲進行反省，也才能劍及履及地改善自己不好的惡習與缺點。因此，被批評並不可恥，可恥的是對自己的缺點視若無睹、不思改進，不是嗎？

從不起眼的廢物中找到價值

有價值的東西不一定是炙手可熱的稀世珍寶，有時反而就在我們輕視、嫌棄的「垃圾」及「廢物」當中。

丟在路邊的廢棄物或垃圾，是大多數人唯恐避之不及的「骯髒東西」，雖然大部份人看到它們的反應大都是掩面而走，但有趣的是，有些人就是能在這樣的廢物中尋得有價值的東西。

這不是普通拾荒老人的行徑，而是日本大企業家淺野總一郎的故事。

日本淺野水泥公司的創建者淺野總一郎在二十三歲時穿著破舊不堪的衣服，失魂落魄地從故鄉富士山來到東京。

由於身無分文又找不到工作，有一段時間他每天都處於飢餓狀態之中。

「幹脆賣水算了。」後來，他靈機一動，便在路旁擺出賣水的攤子，至於生財工具當然都是撿來的。

「來，來，來。清涼的甜水，每杯一分錢！」淺野使出渾身力氣大聲叫喊。果然不出他所料，水裡加一點糖就變成錢了，頭一天就賺了六角七分，這種簡單的生意使這位吃盡苦頭的青年不必再挨餓了。

淺野賣了兩年水，到二十五歲時，已經賺了一筆為數不少的錢，於是開始經營煤碳零售店。

三十歲時，當時橫濱市長聽說淺野很會廢物利用，就找他來問說：「你因為很會利用廢物而聞名，那麼人的排洩物是否也有辦法加以利用呢？」

淺野聽了回答說：「如果只收集一兩家的糞便是不會賺錢的，但是如果收集數千人的大小便就會賺錢。」

「怎麼樣收集呢？」

「只要建公共廁所就好了。」

就這樣，淺野就在橫濱市建造了六十三個公共廁所，也成為日本公共廁所的始祖。廁所建造好後，淺野把收集到的排泄物以每年四千日圓的代價賣給別人，並在兩年後設立了一家日本最早的人造肥料公司。

甚至最後創建日本最大的水泥公司——淺野公司的資金，也是從這些公共廁所的糞便上賺來的！

培根曾經寫道：「智者創造機會，通常比愚者遇到的機會還要多。」

其實，智者和愚者的差異在於智者創造機會，愚者只會等待機會。因此，如果你想讓自己從被人稱爲愚者，變成讓人追隨崇敬的成功者，那麼除了要懂得把握機會之外，更需要像故事中的淺野總一郎一樣，懂得如何創造機會。

淺野總一郎的本事就在於他能改變思路，從毫不起眼的廢物中創造則富。

其實，有價值的東西不一定是炙手可熱的稀世珍寶，有時反而就在我們輕視、嫌棄的「垃圾」及「廢物」當中。

像淺野總一郎在橫濱建設公共廁所，就是他整個企業擴展的轉捩點，試想，要到哪裡去找這樣低成本又沒有競爭的利潤來源呢？

我們做事總是容易眼高手低，只看見那些成功者光鮮亮麗的外表，卻常常忘記看看那些最平凡的地方。仔細觀察周遭，也許真正的良機就在最不起眼的一個角落等著我們，只是我們沒有發現罷了。

別當永遠的醜小鴨

每個人都有不完美、需要遮掩的地方，只要懂得選擇適合自己的「衣服」，你不會永遠都是一隻醜小鴨的。

美國前總統威爾遜曾經寫道：「要充滿自信，然後全力以赴，假如有這種信念，任何事情十之八九都能成功。」

自信所創造的奇蹟無所不在，在這個景氣低迷，多災多難的時代，想戰勝惡劣的環境，就必須要求充滿「我一定可以」的信心。

如果你只著眼在自己的缺點上，像拿一面放大鏡去審視自己的傷口一樣，那麼你只會發現缺點不斷地擴大，逐漸佔滿了你所有的視線。

喬治．伯恩斯在接下演出〈陽光男孩〉中的一個角色時，已經八十多歲了，在這之前，他已經有三十五年沒拍過電影，對於這分工作就像新人一樣生疏。

在開拍之前的一個星期，導演為了正式拍攝時能有最好的效率，特地召集所有的演員把劇本預演一遍。

當導演和製片人到達片場時，發現每個人都帶了劇本，只有喬治．伯恩斯沒有帶；不帶劇本的演員就像沒帶課本上學的學生一樣，誰會認為他是個好學生呢？於是，導演把喬治叫到一旁，嚴厲地對他說：「我想你不適合擔任這個角色，今天就要預演了，你竟然連劇本都忘了帶！」

然而，喬治聽了絲毫面不改色，反倒充滿信心，用堅定的語氣說：「不要擔心，請開始吧！」

預演幾分鐘後，所有人都大吃了一驚，目瞪口呆地望著喬治，因為他不僅背熟了自己的台詞，就連其他人的台詞也一字不漏地熟記在心，整部長達一百多頁的劇本就像刻在他腦中一樣，無論進行到哪個片段，他都能倒背如流，甚至比導演還要熟練。

喬治對旁人的稱讚絲毫無動於衷，只是謙虛地笑了笑說，他從小就十分善於背誦，因為他患有閱讀障礙症，無論怎麼努力也無法提升自己的閱讀能力。因此，只要是聽過一次的東西，他就會盡力地把它烙印在腦海裡，用超強的記憶力來掩飾自己不識字的缺點。

在他的演員生涯裡，這樣的功夫時常幫助他快速地融入角色，特別是在演出音樂劇時，他可以熟練地背誦一長串的歌詞，讓演出更加得心應手。

就這樣，喬治·伯恩斯成功地詮釋了〈陽光男孩〉中的角色，他的演出流暢自然，贏得了當年奧斯卡最佳男配角獎。

八十多歲的他仍然寶刀未老，之後，他繼續參與演出，而且拍了十多部膾炙人口的電影。

一個人擁有多少自信，就能創造多少奇蹟。只要充滿信心，你就會是自己的幸運之神！

人有一短，必有一長，重要的是你必須發揮自己的專長。

經營人生就像穿衣服一樣，如果你的腰圍很大，那就不要穿低腰褲，露出腰上的那一圈肥油；如果你的腿又短又粗，那又何必趕流行穿迷你裙？不是每個人都會欣賞德國豬腳的。

每個人都有不完美、需要遮掩的地方，只要懂得選擇適合自己的「衣服」，麻雀都能變鳳凰了，你不會永遠都是一隻醜小鴨的。

用正面的心態面對失敗

「失敗為成功之母」，但這句話的先決條件是：要從失敗中學得經驗並獲得啟發，更重要的是要繼續努力，不就此放棄。

如果你經過長久的努力之後，所得到的結果卻不如己意，你會怎麼辦？是哀傷地怨天尤人？還是憤怒地拂袖而去？

以上兩種情況是普通人常有的反應，如果你想當個有卓越成就的成功者，那面對失敗時就要跳脫普通人的層次，以更積極、更正面的態度面對。

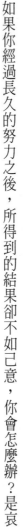

在人類科學漫長的發展歷史中，曾經有過極為重要且影響深遠的一幕：居禮夫人在她的「實驗室」裡搬動瀝青礦渣，然後把它們倒在煮飯用的大鐵鍋裡，用粗棍子攪拌著。

由於居禮夫人只是理論上推測，但無法實際證明新元素「鐳」的確存在，巴黎大學的董事會拒絕為她提供實驗室、實驗設備和助理，因此，她只能在校內一個無人使用的破舊大棚子中進行實驗。

她工作了四年，最初兩年做的是笨重的化工廠作業，不斷地熔解分離，她相信，最後剩下的物體就應該是鐳。

經過一千多個日夜辛勤勞動的日子後，八噸如小山一樣的礦渣最後只剩下小器皿中的一點液體，再過不久便會結晶成一小塊晶體，那應該就是新元素「鐳」。當她滿懷希望地朝那個小玻璃器皿看時，卻看到四年的汗水和八噸瀝青礦渣最後竟只是一團污跡！

一般人認為她一定會很生氣，然後會把那個小器皿連同裡面那團污跡摔得粉碎，但是，居禮夫人並沒有這樣做。她疲倦地回到家，晚上躺在床上時，還在想那團污跡，想找出失敗的原因，她喃喃說著：「如果我知道為什麼失敗，我就不會對失敗太在意了。為什麼只是一團污跡而不是一小塊白色或無色晶體呢？那才是我想要的鐳啊！」

居禮夫人像是對自己又像是對居禮先生說著，突然她眼睛一亮：「也許鐳就是那個樣子，而非如預測般是一團晶體。」

他們起身跑到實驗室，還沒開門，居禮夫人就從門縫裡看到了她偉大的「發現」——小器皿裡不起眼的那團污跡，此時在黑夜裡發出耀眼的光芒，那的確是鐳，一種具有極強放射性的元素。

居禮夫人與先生兩人欣喜若狂，他們終於成功提煉出前所未見的新元素，並在科學的歷史上留下不朽的成就。

爲什麼聰明如居禮夫人，經過四年的努力後還會對自己傾全力進行的研究成果不了解呢？爲何她甚至連夢寐以求的「鐳」元素是什麼樣子都不知道呢？

其實，這並沒有什麼值得奇怪的，因爲世事往往難以預料，即使是諾貝爾獎得主，也無法對自己的研究成果有百分之百的把握。

但是，居禮夫人面對失敗的態度是正確的，她雖然沮喪卻不畏懼失敗，就如同她所說：「如果我知道爲什麼失敗，我就不會對失敗太在意了。」

就是這樣積極求知的態度，讓她在艱苦的實驗過程中苦撐下來，更是她能夠獲得最後成功的原因。她沒有在一氣之下把那團看似污跡的東西給扔掉，也沒有因爲最終結果不如己意而生氣，更沒有因此放棄自己的實驗，反而冷靜下來仔細心思考，最後終於找到正確的方向。

失敗只不過是「還沒成功」而已，沒什麼好自卑的，但先決條件是：要從失敗中學得經驗並獲得啓發，更重要的是要繼續努力，不就此放棄，若能做到以上兩點，那失敗也就沒有什麼好害怕的，反而顯示出你已離成功不遠了。

動動腦筋，就能點石成金

價值是可以創造的，而非一成不變的，一旦我們有辦法發掘出一件事物的價值，就如同擁有了點石成金的魔法棒。

是否曾想要擁有童話故事中「點石成金」的魔法棒呢？

如果有人告訴你：「我們每一個人其實都擁有這項能夠點石成金的寶物，只不過並不是所有的人都知道該如何去運用它罷了。」你會相信嗎？

美國有一位著名的收藏家叫諾曼．沃特，有一次看到眾多收藏家為了收購名貴

物品而不惜千金時忽然靈機一動，想到一個前所未有的點子——為什麼不收藏一些劣畫呢？

他收購劣畫的兩個標準是：一是名家的「失常之作」，二是價格低於五美元的無名之輩的畫作。沒多久，他便收藏了兩百多幅劣畫。

不只如此，沃特還在報紙上登出廣告，聲稱要舉辦首屆劣畫大展，目的是「讓年輕人在比較中學會鑑賞，從而發現好畫和名畫的真正價值。」

出乎所有人的意料之外，這一個畫展空前成功。沃特的廣告也廣為流傳，成為人們茶餘飯後不可缺少的話題。

觀眾爭先恐後地來參觀畫展，有的甚至不遠千里，專程趕來就為看看這些劣畫究竟是什麼模樣。於是，沃特收藏的劣畫就此名震一時，並為他帶來相當多的名聲與財富。

藝術品所追求的就是「美」，而那些既不美又不優秀的藝術品是不是就失去價值了呢？這個問題的答案，沃特已經告訴我們了。

不只如此，沃特還讓我們知道一件相當重要的事：在這個世界上是不存在「沒有價值的東西」的，因爲一件事物，甚至是一個人的價值，都取決於我們如何看待。因此，只要我們懂得將有價值一面挖掘出來，那麼即使是沒有人要的廢物也能幫我們一夕致富。

價值是可以創造的，而非一成不變的，一旦我們有辦法發掘出一件事物的價值，就如同擁有了點石成金的魔法棒。就如同沃特相信劣畫並非不值一看、不值得收藏的東西，只要能換一個想法，事物的價值便能從中出現。

他的反向思考無疑爲我們提供一支非常寶貴的點金棒，告訴我們只要能善加利用自己的智慧，便足以讓自己受用無窮。

Part 6.

消極訊息會讓人失去活力

面對消極負面的訊息時，
如果我們能用積極正面的態度去解讀，
那麼再多的否定話語，
也無法消滅我們的生命活力。

消極訊息會讓人失去活力

面對消極負面的訊息時，如果我們能用積極正面的態度去解讀，那麼再多的否定話語，也無法消減我們的生命活力。

因爲人心易受煽動，讓許多人無法積極樂觀地面對生活。其實，消極訊息始終不敵積極行動，信心始終執在我們的手心，無論在什麼樣的情況下，無論別人怎麼否定，我們都要給自己多一點自信才是。

站在泰勒面前的海軍上校大約有一百八十五公分，體重大約也有一百四十公斤，以這樣的體型與重量來看，他確實像個舉重運動員。

泰勒從聽眾席中挑選出一位志願者，並準備從志願者身上的肌肉變化，來解釋人們在活動時，身體將產生的影響與變化。

泰勒先是向聽眾解釋：「一般來說，人體的活力會受到外在各式各樣的影響，但是，無論我們產生了什麼樣的變化，有個情況是永遠不變的，那便是『只要你活著就一定會有活力』。無論是食物的享受，或是衣飾變化上的感受，甚至是音樂藝術或詩歌閱讀，都是用來豐富生命情感，增加生命活力，但是無論如何，你的活力和信心，始終得靠你自己催生與刺激。」

泰勒解說完畢，接著便走到滿臉疑惑的上校身邊。然後，他對著上校說：「請舉起您的左手，與肩平行，舉穩了，千萬別動。」

接著，他轉身對觀眾說：「上校平舉的模樣似乎可以掛吊一個人，不過，等一下我會用一個『消極的念頭』來降低他的手臂力量！」

台下觀眾聽見泰勒這麼有自信地說著，不禁露出懷疑的眼神，連上校也輕蔑地一笑。只見泰勒先是緊緊地抓著上校的手臂，接著對他說：「上校，我們毫無疑問地認定，您是位令人敬重的軍人，而我們從您的領導之上看見了堅定的意志與絕不動搖的毅力。」

泰勒說完這段正面且積極的肯定話語後，便試著將上校的胳膊往下拉，企圖讓上校的手臂鬆落，但無論怎麼用力，就是無法讓上校的手臂「放下」。這讓上校十分開心，只見他驕傲地對泰勒說：「很辛苦吧！」

對於上校的嘲諷，泰勒沒有任何表示，但是接下來，他卻用一種十分嚴肅的口氣地說：「但是，上校，科學家們曾經研究發現一件事，他們指出，大多數軍人的智力普遍低於一般人！」

上校聽見泰勒竟然嘲笑他，臉上立即堆滿了不悅，這時泰勒再用相同的力量將上校的手臂往下壓。這一次，泰勒竟然成功了，一瞬間他便把上校的手拉了下來，這讓現場觀眾看得目瞪口呆。

接下來，在「正面肯定」與「消極否定」之間，泰勒又反覆地測試了好幾次，甚至還請了不同的觀眾上台試驗，結果全都一樣！

最後，泰勒總結說：「不知道大家在這堂課中獲得了多少，但有一件事大家應該都看得很清楚，那便是，消極的訊息會消滅我們的活力，是吧！」

從泰勒的實驗中，我們看見了「消極」與「積極」訊息的影響，因爲肯定的讚揚，而產生了堅毅的自信；反之，因爲消極訊息而致的消極心理，讓上校在心中產生了負面影響，進而讓自己失去了信心。

整理一下泰勒的實驗結論，我們可以這麼說：「問題不是在這一句話，重要的是當我們聽見這些訊息時，該怎麼去解讀或消化積極正面與消極負面的訊息。」

其實，生命的活力只存在我們身上，要讓它展現或隱藏，也存乎我們的一念之間。就像故事中的上校，面對消極負面的訊息時，如果我們能用積極正面的態度去解讀它，相信「努力」定能戰勝「智力」，那麼再多的否定也無法消滅我們的生命活力，更無法削弱我們追求成功的企圖心與信心。

要把每一件事都做到最好

堅持最好是所有成功者的追求目標，因為他們會把每一次都視為最後一次，並一次又一次的堅持下去。

成功人士的人生態度是：「面對挑戰，全力以赴！」

能夠以堅定的信心朝著自己的夢想前進，也能夠不辭辛苦全力以赴的人，必定能完成自己的理想，甚至還會收到意想不到的成功果實。

卡特總統是個十分勤於反躬自省的人，不僅勇於面對自己的缺點，而且經常積極修正自己的缺點。

勤奮且自律的卡特，相當堅持這樣的理論：「一個人只要有積極思考的力量，他的成就便無可限量。」

所以，卡特總統的朋友們都一致認為：「他是個最守紀律的人！」總統的助手漢密爾頓・喬丹也肯定地說：「卡特總統的性格是，無論做什麼事都要全力以赴。」

對那些未盡最大努力的人，卡特經常在對方的面前直接表現出無法容忍他們犯下缺失的態度。

任職州長時，卡特與一位專辦亞洲事務的專員約好要同機洽公，許多人在那天也見識到卡特的嚴謹。

那天上午七點整，卡特早已坐在機艙內等候了，而那位專員此刻才匆匆忙忙地從航空站的跑道上奔跑過來。

但是，卡特仍然厲聲命令駕駛員：「準時起飛！他不能準時登機，是他自己的問題。」

擔任州長時，卡特便具有著超人的決心，後來他決定要參選總統時，便著手寫下了他的第一本自傳，書名為《為什麼不是最好的》。

入主白宮之後，卡特總統仍然繼續對他自己與國家，提出許多高標準的要求，他在就職演說中說：「我們都知道，『多一點』未必是『好一點』，即使我們身處這個偉大的國家中，仍然有無可避免的侷限，所以，我們既不能回答所有的問題，卻也不能解決所有的問題。總之，只要我們能以大多數人的利益為宗旨，以犧牲個人利益去謀取大多數人利益為指標，那麼，我們就一定能把每件事都做到最好。」

這種嚴謹的治國態度是卡特成功的基礎。

美國樂評家貝瑞特說：「即使遇見一萬次的失敗，我仍然會盡全力堅持下去，因為成功的肯定只要一次就夠了。」

盡力與積極是每位成功者的共同元素，堅持最好是所有成功者的追求目標，因爲他們會把每一次都視爲最後一次，並一次又一次堅持下去。

堅持著「要把每件事都做到最好」的卡特也是如此，所以我們會看見卡特的嚴謹生活，更看見他的非凡成就。

然後，我們重新審視自己的生活態度，是否有許多事是在「這樣就好」或「明天再說」的態度中擱置呢？

試想，在這樣模稜兩可且消極懶散的態度下，怎麼可能抵達成功的彼岸呢？文中的卡特不是這樣告訴我們：「只要我們能盡力做到最好，那麼我們自然能發揮無限潛能，並自然而然地擁有無可限量的未來。」

不要在乎別人的懷疑

想要迎接挑戰、克服困難，首先就得要不在乎別人的懷疑和嘲笑，並且相信自己所做的選擇。

正因爲「挑戰」往往充滿了難以預料的變化和未知數，所以不是每個人都敢讓自己處於隨時面臨挑戰的環境。

但是，大多數人也都忘了，其實人生中最大的成功，通常就是存在於這些變化和未知裡頭。

包玉剛是雄踞「世界船王」寶座的華人巨富。他所創立的「環球航運集團」，在世界各地設有二十多家分公司，擁有兩百多艘總載重量超過兩千萬噸的商船，而他的資產總額更高達五十億美元，曾是香港十大財團的第三名。

包玉剛中學畢業後開始當學徒，三十歲時，已經成為上海工商銀行的副理，在商場上小有名氣。

三十一歲時，包玉剛全家遷到香港，靠著僅有的一點資金從事進出口貿易，可惜生意不好，所以轉而計劃從事航運業。

可是，航運業的競爭相當激烈，風險又大，所以身邊的親友幾乎沒有一個人贊成，但是包玉剛仍然對自己的計劃信心十足，並且十分積極地一步步籌劃他的新事業。

他根據從事進出口貿易時所蒐集到的資料研判，未來的海運將會有很大的發展，加上香港又是轉口貿易重鎮，地理環境也有利於航運發展，所以經過審慎的評估之後，終於在三十七歲時，離開原本熟悉的銀行業和進出口貿易領域，正式投身於並不熟悉的航海業。

對於既沒有資本也沒有經驗的門外漢，當時根本沒有一家銀行願意把錢借給包玉剛。雖然到處碰壁，但是這反而更加堅定了他經營航運的決心。

後來，透過一個朋友的幫助，包玉剛終於得以貸款買船。雖然他的第一艘船是已經有二十年航齡的老舊貨船，但是他依然靠著這艘船，揚帆起錨開啟他航運事業的版圖。

蘋果電腦創辦人賈伯斯曾經說：「只要有自信，所有的逆境都會成為你邁向成功的順境。」

在「人生大海」中，我們不能期望它永遠風平浪靜，必須學會如何在狂風暴雨當中，用自信將自己的「生命之舟」順利駛向成功的彼岸。

想要迎接挑戰、克服困難，首先就得要不在乎別人的懷疑和嘲笑，並且相信自己所做的選擇。

包玉剛在眾人的質疑下依然堅定自己的選擇，不放棄任何一個有利時機，所以才能不斷壯大自己的事業，成功成立自己的航海王國。

個人信用一旦喪失便很難重建

對大多數人來說「失信等於欺騙」，所以當人們被欺騙過一次之後，心中留下的傷疤，恐怕很難在短時間內得到平撫。

人無信而不立，凡事我們不僅要謹言慎行，更要力求盡心負責，一旦失信，我們非但無法面對的他人，更無法面對自己。

個人信用一旦喪失，想要再贏回人們的肯定，確實不是件容易的事，所以人們常說，守信是人生的第一要件。

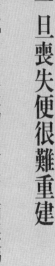

曼迪諾在創作《矢志不渝》這本書的時候，由於截稿日期迫在眉梢，只好僱請一位助手來幫忙處理文稿，不久找到普勞密斯先生過來幫忙。

曼迪諾把自己錄製好的錄音帶交給普勞密斯先，並對他說：「我已經把這本書的基本內容全錄了下來，請你一邊聆聽，一邊仔細地將錄音帶裡的文字一一謄寫下來，這裡有張進度表，請你務必準時完成。」

普勞密斯先生點了點頭說：「沒問題。」

普勞密斯先生果真在二個星期之後，準時地將稿件交給曼迪諾。

曼迪諾將稿件仔細地看了看，很滿意地點了點頭：「很好，您的試用期已經過了，接下來，我將安排更重要的任務給你。」

沒想到，就在一切進入軌道之後，普勞密斯竟開始出現惰性了。

一開始，他確實都能謹守承諾與工作時間，但過了幾天之後，曼迪諾卻發現，他的工作態度越來越糟，不僅工作進度越來越落後，甚至連已經完成的稿件也紛紛出現問題。

每次曼迪諾去找他時，他都說工作已經完成了百分之九十，然而曼迪諾第二天去找他時，他還是說：「工作已經完成了百分之九十！」

曼迪諾看著已完成的稿件，竟落了好多段落，甚至連排印都錯誤百出，感到非常生氣，這讓他承擔了更多的責任與麻煩。在完全失望中，曼迪諾支付了普勞密斯先生部份應得的薪水後，便請他走人了。

一年後，曼迪諾獲得了一份與政府合作的新合約，這次他需要許多位幫忙謄寫的助手，於是他依照合約協定，在當地的報紙上刊登了一個廣告：「敬邀專業謄寫員來競標！」

不久，曼迪諾接到了一位男子的來電，竟是普勞密斯先生。他在電話裡再三地對曼迪諾說抱歉，並且一再保證：「這一次我一定會做得很好！」

「您願意再給我一次機會嗎？」普勞密斯在電話的那頭謙卑地問著。

曼迪諾只輕輕地說：「很高興你已經自省了，但很對不起，我還是想把這個機會讓給其他人。」

看見普勞密斯開始出現怠惰的工作態度時，我們其實也可以很直接地點明，那正是他的生活態度，雖然他能隱藏一時，卻無法永遠隱匿，因爲生活態度永遠是眞實也是最現實的。

曾經言而無信的人，想在人們心中重建形象是件十分困難的事。對大多數人來說「失信等於欺騙」，被欺騙過一次之後，心中留下的傷疤，恐怕很難在短時間內得到平撫。

能堅守信用，才能取信於人；能取信於人，才能得到人們的肯定與支持。

在充滿問心有愧的氣氛中，我們又如何能積極前進呢？

沒有人躲得過良心的懲罰

你是否也曾有過「明知犯錯卻不敢面對」的情況？當事情過後，你是否真的能在時移事易之後，忘了昨日之非呢？

想要忘記昨天曾經犯下的錯誤，確實不是件容易的事，因爲錯誤已經發生，傷害也已經造成。只不過，如果我們還無法面對並勇敢承擔，恐怕無法成爲有肩膀的人，讓人相信依靠。

盧梭曾在他所撰寫的《懺悔錄》中，記錄著這樣一件事：

出生在窮困人家中的盧梭，在很小的時候便出外謀生，幫忙分擔家計，他的第一份工作是在一位伯爵家中當小佣人。

有一天，盧梭看見伯爵家的一個侍女，手上拿著一條很漂亮的小絲帶。他越看越喜歡，最後竟然還趁著人們沒注意時，偷偷地將侍女擺放在床頭上的小絲帶拿走，獨自一人跑到後院裡把玩起來。

就在這時候，有個僕人正巧從他身後走過，而且還發現盧梭手上的小絲帶，便立刻向伯爵告狀。伯爵聽說盧梭偷東西，十分生氣，立即將他叫到身旁，厲聲追問：「你手中的小絲帶從哪拿的？」

盧梭從未見過伯爵這麼生氣，害怕得一個字也說不出口。

接著，他又想到：「如果我承認小絲帶是我拿的，那我一定會被伯爵掃地出門，而且有這個記錄之後，我以後恐怕很難想再找到工作了。」

盧梭邊想邊計謀著，最後他竟編了一個謊言，說道：「小絲帶是廚房的瑪麗安小姐偷給我的。」

伯爵半信半疑地叫瑪麗安出來與盧梭對質，然而善良又老實的瑪麗安一聽到被栽贓，頓時愣住了，只見她邊著流淚邊說：「不是我，絕不是我！」

但是，盧梭卻緊緊地咬住瑪麗安，甚至還把所謂的「事發經過」捏造得有聲有色，讓人很難不懷疑這件事的始作俑者根本就是瑪麗安。

看見兩個人互相推卸，不承認犯錯，伯爵十分光火，怒喝一聲：「你們兩個現在馬上給我離開伯爵府！」

就這樣，盧梭與無辜的瑪麗安同時都被解僱了。當他們走出門口前，有位長工對他們說：「我知道，在你們之中一定有一個人是無辜的，而說謊的人接下來則一定會受到良心的懲罰！」

果然，這件事讓盧梭痛苦了一輩子，直到四十年後，他才在自傳《懺悔錄》中表示懺悔：「殘酷的回憶經常擾得我輾轉難眠，每當我苦惱得睡不著覺時，恍惚間，我便會看見那個可憐的女孩來譴責我的罪行……這個沉重的負擔長年壓在我的良心上，所以我決心寫這部充滿懺悔的自傳。」

你是否也曾有過「明知犯錯卻不敢面對」的情況？當事情過後，你是否眞的能在時移事易之後，忘了昨日之非呢？很難吧！就像故事中的盧梭，因爲一己之失，而造成別人也無辜波及、傷害時，無論我們是否躲不躲得過譴責，相信稍有自省能力的人，如果沒有坦白出來，終將在自省後的「自責」中辛苦生活。

人難免有錯，錯了就要勇於承擔，因爲當我們勇於面對，決心負責時，也等於彌補了錯誤中的缺失，更幫我們塡補了處事時的漏失，以及我們性格、品德上的缺陷。

所以，要求別人原諒我們時，不如先要求我們自己要勇於面對與悔省，告訴自己：「我們不是完人，所以難免會有犯錯的時候，我要勇於面對，因為我們確實躲不過心底良知的懲罰，坦然面對生活中的一切，如此，我們才能正大光明地前進。」

因爲心美，所以萬事皆美

真誠地關心別人，無私地付出、愛人，我們不僅能得到等值的回報，更重要的是，我們會得到相同的關愛與敬重。

因爲心地美麗，所以外貌也溫柔美麗。

這是一種因果關係，也是我們經常從社會上聽見與親眼看見的美麗景緻，並激起我們感動的幸福風景。

美國羅克曼公司董事長哈桑．歐皮爾，今年已經七十九歲了，育有一對事業有成的子女，雖然妻子早在十年前便去世了，念及與愛妻的一番情義，他一直都是鰥夫獨居，不願續絃。

這天，哈桑突然患了重感冒且高燒不退，僕人送他進醫院後，一切生活需求皆由家僕與醫院的護士幫忙。雖然親朋好友們不時都會來探望他，但是他最期望看見的兩個子女和孫子們卻沒有一個人來探望他。

面對至親不理不睬，哈桑十分難過，此刻他又想起了過逝的妻子，竟忍不住涕淚滿面。

醫院裡一位資深護士密倫．凱南小姐發現後，從此對他無微不至，不時親自打理他的生活起居，甚至連下班後也不辭辛苦地繼續陪伴他。

不久，老哈桑對這位體貼入微的護士產生了好感，有感而發地對護士說：「親愛的凱南小姐，妳的熱情與體貼，讓我忍不住想起我的愛妻，妳知道嗎？她在世時也是這樣關心我，我實在很捨不得離開她……我說到哪裡去了，對不起，請妳原諒。」

哈桑深情地望著凱南，凱南只是微微一笑：「這是我應該做的事。」

當老哈桑聽說，凱南因為了醫務工作而錯過婚期時，這讓他更加確定了一件事，一個未來的抉擇。

哈桑的病慢慢地康復後，凱南小姐都會扶著他到處走動，突然，哈桑深情地回過頭看著凱南，接著竟說：「親愛的，嫁給我吧！我知道，只有妳才能陪伴我，妳不會嫌我老吧？」

凱南吃驚地看著哈桑的告白，心仍然忍不住悸動著，接著，她只輕聲地說：「我長得這麼醜，根本不配你。」

哈桑聽到凱南這麼說，反而激動地抱住了凱南說：「不，妳很美，妳的心美極了，妳絕對是個美人兒。」

就這樣，哈桑出院的第二天，他們便到教堂舉行婚禮，晚上，他們還接著舉辦了一場舞會。但是，就在舞會結束後不久，哈桑竟突然心臟病發，當晚便走了。

以為將得到幸福的凱南，忽然又只剩一個人了，雖然丈夫哈桑將自己的遺產全部留給了她，但卻也為她帶來了不少麻煩。哈桑的兒孫們都認為哈桑死得蹊蹺，於是向法院指控凱南，並不准她繼承父親的財產。

兩天後，法院仍裁定，遺產歸凱南女士所有。

因為，哈桑在結婚前夕交給法院公證的一份材料中，親筆寫下了這麼一段話：「我知道自己朝不保夕，我現在想與密倫‧凱南小姐結婚，我要將我的財產全部奉獻給這位好心的護士。凱南小姐的確是個善良的女孩，特別是她對人的責任心與愛心實在沒人能比得上的。我娶她不是要佔有她，而是想把自己的財產全部都回報這位好心的人。」

這是哈桑在結婚前一天所寫下的遺囑，並由管家親自送交公證部門，所以哈桑的財產繼承人的確是凱南小姐。而且哈桑還聲明他的財產不再分給其他的親屬和子女。

我們待人其實都是「發自內心」，所以，每個人都能感受到我們的關懷是否眞心。心怎麼想，我們很自然而然地便會怎麼行動，所以故事中的女護士密倫‧凱南無私付出的愛與關懷，讓哈桑充分地比較出，親友與護士的付出哪一個才是眞心。

希望得到關懷，期望人與人之間能多點祥和，必須靠我們去執行、實踐它，關懷發之於我們自己，然後才能得到人們的回應，懂得先美化我們的心，然後我們才能看見並擁有相同美麗的回應。

護士最終得到了些什麼其實並不重要，因爲故事中的旨意，是要告訴我們：「真誠地關心別人，無私地付出、愛人，我們不僅能得到等值的回報，更重要的是，我們會得到相同的關愛與敬重。」

平淡與謙虛是長壽的法寶

人生不長也不短，快樂健康最重要，富貴名利要看淡，自在生活才享受。

凡事能謙卑與看淡，生活自然自在且無欲，也因爲自在無欲，所以我們才能讓情緒放輕鬆。

當我們能夠保持著愉悅與樂觀的心情，能夠天天微笑，在充滿積極、快樂且輕鬆的生活氣氛中，我們怎麼可能得不到健康、長壽的人生呢？

出身貧寒的法拉第，十三歲時便在街上派報，十四歲時則在一間書店當學徒，勤奮好學的他，雖然只有晚上和假日才有時間學習，卻仍能考進英國皇家學院，成為物理學家戴維身邊的實驗員。

只是跟在戴維的身邊並不輕鬆，甚至可以說是異常的辛苦，但是法拉第從來都沒有埋怨過一句話。一八三一年，戴維去世後，法拉第順理成章地接替了戴維的全部工作。

這時，法拉第才正試開始自己的物理學研究，此時他已經四十歲了。

法拉第上任的第一天，校園內許多學生和同事們全都來祝賀他，但法拉第卻說：「我不能代表戴維，因為他是個發明家，很可惜，他只活了五十一歲。他的精力實在消耗得太快了，我想我會比他活得長久些，因為我們都很懂得珍惜自己，而且接下來我們要做的研究都是戴維已經做過的事，如今只是由我們加以驗證和觀察罷了。」

後來，法拉第還對他的助手們說：「戴維是個天才，他的鬥志比較我強，他先行創造了之後，再由我來將他所創造出來的事情徹底執行。」

法拉第在一八三一年發現了電磁感應，這項發現開啟了他的人生巔峰，從此大名遍佈世界，一些誘人的建議與利益也紛紛出現，但是，法拉第始終只接受皇家學院的年薪。

當時，首相梅爾本原本想從王室的年俸中，撥一筆三百英鎊的養老金給他，但是法拉第卻拒絕了。總之，法拉第會拒絕任何形式的兼職工作，並嚴格地挑選人們的邀約，因為他只想把自己的精力全都用於實驗研究中。

法拉第曾經對妻子說：「上帝把驕矜交給了誰，那就是上帝要誰死的時候。我的父親只是個鐵匠的助手，我的手足都只是手工藝人，而我為了讀書，努力當個書店的學徒，我的名字叫作麥克爾·法拉第，將來在我的墓碑上只需要刻下這個名字就夠了！」

「處事平淡，待人謙虛，凡事只求盡力。」這是法拉第在故事中的寫照，也是他自在生命的生活方式。

正因爲法拉第不理睬名聲的建立與否，也不多加理會利益是否合乎心意，一切只求無愧己心就夠了，對於其他則不強求，所以失敗了他能坦然面對，成功了他也不會激烈喜樂。

對他來說，能平心靜氣地面對人生中的起起伏伏，然後擁有長壽與健康的人生，這些才是他一輩子的生活重心與重點。

這是法拉第平淡人生的態度，只是看似平淡卻是不凡，因爲沒有多少人能達到這樣的境地。那麼，只是小人物的我們，面對得失時，情緒有需要那麼起伏動盪嗎？甚至是無法平心靜氣地面對與看淡呢？

當法拉第對妻子說出，墓碑上只留名字，不必多加其他字辭時，我們看見了他的人生訓示：「人生不長也不短，快樂健康最重要，富貴名利要看淡，自在生活才享受。」

別人的意見不要照單全收

不要期待人們的指引，因為那是他們所踩踏的路，並不屬於我們，自己的路就在我們自己的腳下。

別再等著人們的關愛眼神，也別再期待人們的明白指引，因爲不管他人怎麼引導，那始終都是別人的人生方向，既不適用，也不可能合乎於我們的未來希望。

有位年輕的戲劇創作者來拜訪契訶夫，從包包裡拿出了一個劇本，接著便對契訶夫說：「我想請您幫一個忙，看看我剛新完成的劇本有沒有什麼問題，或是談談您的意見。」

「好！」契訶夫接過本子認真地看了起來。

劇中，有一場是寫著女工程師與技術員在辦公室內談話的戲，契訶夫指著這場戲問：「能不能將這場戲改在車房呢？這樣應該會更加精采。」

年輕人一聽，連忙點頭說：「好！」

年輕人掩不住滿臉與奮的神情，只因為大師當面提出修改意見。

契訶夫讀了一會後，又問年輕人：「那讓他們坐在公園裡的長椅上，你認為可行嗎？」

年輕人仍然說：「行！當然行！」

但是，契訶夫忽然皺了一下眉頭說：「或者改在湖面的小艇上呢？」

年輕人一聽竟高興地跳了起來，連忙說道：「好啊！坐在小艇上更美，我馬上就改過來。」

這時，契訶夫嚴肅地說：「那麼……不如請你將這場戲全部刪了。」

原本樂不可支的年輕人聽見大師這句話，像似當場被澆了一盆冷水，一時間呆立站在那兒，不知所措。

只見契訶夫搖了搖頭說：「每一場戲都應該是不可移動的組合，就像人的眼睛一般，沒有人能任意挪動；至於你這場戲，既可以改在公園內，又可以改到小艇上，那只說明了一件事，那就是這場戲根本是不必要的。」

年輕人一聽，頓時臉都紅了，羞愧地說：「我明白了！」

後來，在契訶夫的悉心指導下，這位年輕的劇作家終於寫出了一個又一個屬於他自己的成功劇本。

可以聆聽別人的意見，但是，千萬不能照單全收，我們要有自己的思辨能力，在傾聽批評並修正自己的錯誤時，也能發現批評裡的對錯，才不致於錯聽批評，導致一錯再錯。

記得宗教哲思大家戈齊福曾說：「凡事要以我為中心，而不是以他人為中心。活在他人的期待中，將走不出自己的路。」

換句話說，大多數的人都習慣在「被注意」或「被要求」的狀況中發現或修正自己，只是這一切都是「被動的狀態」，在這樣慣性的被動認知中，我們總是忽略了「自己的感受」，也遺漏了「自己的希望」。

一如故事中的旨意：「你知道你想要的是什麼，然後你才能從我們的看見中，再次看見你真正想要的東西。如果一味地聽從別人的指引，卻不相信自己，那麼你又怎麼可能創造出真正屬於自己的天空呢？」

所以，不要期待人們的指引，因爲那是他們所踩踏的路，並不屬於我們，自己的路就在我們自己的腳下，一抬頭，我們便能看見未來的目標。

現實始終敵不過堅持

人生必需要有一些堅持，對糾正錯誤的堅持、對追求完美的堅持，對人生負責的堅持。

我們經常看見創作者，因爲太過堅持作品的呈現，或寧願讓一切重新來過，只爲了交出別人一點也看不見污點的作品時，我們確實也看見創作者對自己作品的負責與使命感。

巴爾札克曾經為《巴黎雜誌》的創刊號寫了一篇短篇小說，但是在交稿前，為了其中一個人物的名字而苦惱不已，為了替這個角色取一個恰當的名字，竟想了六個多月都還沒有找到結果。

後來，他寫了封信給戈日朗，約他在次日下午到香榭里舍大街，陪他一起從招牌上找尋「理想的名字」。

第二天下午，忽然下起了綿綿細雨，巴爾札克和戈日朗一前一後，邊走邊看。一個下午，他們走過了一條又一條的街道，但巴爾札克對於戈日朗挑選的名字全都拒絕了，這讓戈日朗很生氣。

他忍不住停下了腳步對巴爾札克說：「我拜託你一件事，你一定要答應我走到布洛瓦路就好了，然後，我們就到雅爾第去吃晚餐，好嗎？」

巴爾札克冷冷地看了看朋友一眼，卻沒有答應朋友的請求，逕自繼續前進。忽然，巴爾札克指著路旁一扇歪歪斜斜且窄小破舊的門，並大聲喊道：「有了，戈日朗你唸唸看啊！」

戈日朗看著破舊的招牌，唸著：「馬卡？」

「對！馬卡！」巴爾札克手舞足蹈地重複著「馬卡」這個名字，接著他便拉著戈日朗走進雅爾第飯店裡去，好好地享受一頓。

巴爾札克其實曾有一段艱苦的生活，這也讓他非常在乎稿費多寡。

特別是在他負債六萬多法郎以後，對金錢上的渴求更是強烈。有人說，他是為了儘快擺脫經濟上的困境，所以集中心思和精力完成他的寫作計劃。也曾有人把他視為一個為了金錢而寫作的作家，但是這個看法確實有失偏頗，因為他絕不會為了金錢，而放棄他在工作上所堅持的嚴謹態度。

就像他準備出版的《人間喜劇》，當時出版商都知道，巴爾札克經常在校對樣稿時做大幅度的修改，所以特地與巴爾札克簽下了一個規定，那便是，每一頁校對修改的費用不得超過五法郎，凡是超過部分都必須由作者自負。

每個人都知道，巴爾札克很愛錢，但是這部作品最後卻讓巴爾札克多付出了五千二百二十四法郎的修改費用。

這是巴爾札克創作的堅持，寧願賠錢也不願放棄修正，從中可以看出他的創

作態度是嚴肅的。即使故事中曾呈現出他的金錢喜好，但是無論如何，因爲一份對於「創作堅持」的認眞與堅持，讓我們對於巴爾札克的作品，始終都充滿了感動與敬重。

其實，不管外在環境如何現實，大多數的創作者都無懼於現實的考驗，因爲對他們來說，創作的最大樂趣不在於金錢的估價高低，而是能否將自己領悟到的生命啓示，正確無誤地表現在自己的作品上。

所以，我們會看見巴爾札克爲人物命名的小心與堅持，也看見像朱銘艱辛卻無悔的雕刻世界，更聽見李安導演辛苦完成後卻又捨棄劇本的經過。

在他們身上我們會發現一個共同的特點，那便是：「人生必需要有一些堅持，對糾正錯誤的堅持、對追求完美的堅持，對人生負責的堅持，這些是成就人生的重要方式，更是讓人生無悔的唯一方法。」

Part 7.

積極等待 人生的轉捩點

最壞的時候也會是最好的時刻，
當人人退縮不前時，
只要我們能積極前進，
自然能搶得先機。

妄自菲薄就會隨波逐流

我們太習於看輕手中的擁有，太容易對尚未得到的東西充滿幻想，以致於生活經常在失去與懊悔中前進。

許多成功學大師都告訴我們，所謂的命運或機遇，只不過是傻瓜和失敗者爲自己的怠惰開脫的藉口。

命運給我們的不是失望之酒，而是希望之杯，因此，我們必須運用自己的智慧，毫不遲疑、毫不畏懼地爲自己開創機會。

不要妄自菲薄，每個人都潛藏著獨特的天賦，那就像金礦般埋藏在你我平淡無奇的生命裡。

我們是否能找到這座金礦，關鍵在於我們自己能否耐心挖掘，能否踏實發揮自己的長處，讓我們原本平淡無奇的人生，綻放光芒。

美國田納西州有位來自秘魯的移民名叫亞當，在一片約六公頃大的土地，為家人們建造了一個獨立的生活空間。

然而，不久美國卻掀起了一陣淘金熱，受不了誘惑的亞當也一窩蜂地跟進，不僅將家產變賣，更舉家遷移到陌生的西部。

來到這個荒涼的西部，亞當買了一塊約九十公頃的土地，並開始進行挖採與探鑽，希望能盡快在這塊土地上找到金子或鐵礦。

然而，一年又一年地過去了，亞當的財富幾乎快花光，到了第五年，不僅連一個鐵塊都沒看見，連一粒金沙的影子都沒有見過，由於為這五年來他一直都毫無所獲，不久連身上的最後一塊錢都花光了。

這天早上，亞當看著家人滿臉的不悅，便果斷地決定：「算了，我們回去田納西吧！」

於是，亞當將該處的東西全部變賣，換得了少許車資，一家人總算回到了故鄉。但是，當他們回到故鄉時，卻全被一個景象所吸引且呆住了。

因為，在他們從前居住的地方，竟發展出一個工業區，在隆隆的機械聲中，工人們熱鬧地穿梭著。

亞當好奇地向其中一位工人詢問：「這裡發生了什麼事？」

工人不敢置信地看著亞當，說道：「你不知道嗎？幾年前有個秘魯人將這塊土地賣給了現在的老闆後，不久老闆就發現，這座山林是座金山呢！現在他正在開挖金山煉金啊！」

亞當一聽，直搖頭嘆息，滿臉悵然若失。如今，這座山林仍然繼續在開採，它就是美國最著名的門羅礦山。

即使身在資訊發達的現代，仍然有許多人像亞當一樣，經常失去身上的珍寶，甚至不知道寶物就在我們的身邊。

好高騖遠的人總是禁不住誘惑，他們對於平淡無奇的事物總顯得意興闌珊，於是當表面炫麗誘人的事物一出現，他們的目光便會立集聚了過去，並丟棄他手上看似平凡的珍寶。

這樣的情況我們一定都曾聽聞，甚至我們自己就曾經歷過，而且最後的結論都是：「早知道就別放棄了！」

然而，再多的「早知道」也於事無補妄自菲薄就難免隨波逐流！

因爲我們太習於看輕手中的擁有，太容易對尚未得到的東西充滿幻想，以致於生活經常在失去與懊悔中前進。

天地萬物，包含我們自己，其實都深藏著無限的潛能與珍寶，那就像尚未精細琢磨的礦石，識寶的人都會知道，在平淡無華的表面，內裡正藏著我們難以估價的寶玉！

善用我們生活中的零碎時間

如果我們一天能節省個十分鐘，一週下來便能多出一小時又十分鐘，一年大約有一百五十二個小時可以靈活運用的時間。

雷巴柯夫曾經如此寫道：「時間是個常數，但對勤奮者來說是個變數。那些用『分』來計算時間的人，比起用『時』來計算時間的人，時間多了五十九倍之多。」

短短的一分鐘，我們能做什麼事？

認真的學生說他可以背一個英文單字；力爭上游的上班族說，他能用來思考老闆剛剛下的命令；英明的大老闆說，他會利用這個極短的空閒時間，思考並果斷地決定下一步要往哪走。

卡爾．華爾德曾經是愛爾斯金的鋼琴教師，有一天，他正在指導愛爾斯金時，忽然問他：「你每天用多少時間練琴？」

愛爾斯金說：「每天四小時左右。」

卡爾點了點頭，接著又問：「那麼你每次練習的時間都是固定的嗎？」

愛爾斯金遲疑了一下說：「我是很想讓時間固定下來。」

沒想到卡爾卻說道：「最好不要固定下來，因為，你以後的時間恐怕越來越零碎，不像現在那樣可以有那麼長的空閒時間。」

卡爾看著愛爾斯金有些困惑的臉，微笑著說：「你可以養成一種習慣，就是一有空閒就練，有幾分鐘就練習幾分鐘，不必將練習時間刻意地固定下來。像是上學之前或在午飯以後，或在工作的休息時間……等等，即使只有五分鐘，也要把握住這五分鐘。慢慢地，你將會習慣於零碎時間的運用，分散在一天內的練習時間，很快地便會成為你日常生活中雖然短暫，但是效果最好的關鍵時間。」

卡爾的這番話對十四歲的愛爾斯金來說，確實有些難懂，畢竟以他當時的情況來看，他的空閒時間實在太多了，沒有必要特地利用所謂的「零碎時間」來應用，所以對卡爾的忠告一點也沒有注意。

直到他出了社會後，這才體會到老師的生活體悟頗有道理，在貫徹執行後，更讓他得到了無限的生活助益。

有一年，愛爾斯金來到哥倫比亞大學教書，為了能兼職從事創作，想盡了方法，希望能空出更充足的時間來寫作。

然而，固定的上課時間，與改閱學生的考卷、報告和開會等固定的事情，幾乎把他白天和晚上的時間全都佔滿了，因此，開始教書的前兩個年，愛爾斯金連一個字都沒動。

每當知道他的夢想的人問他：「創作進展如何？」

他總是說：「我沒有時間啊！」

直到有一天，他翻開過去的琴譜時，突然想起了卡爾．華爾德先生告訴他的話：「多用零碎時間！」

接著，愛爾斯金改完考卷後，便立即找出稿紙，並在短短的五分鐘時間內，寫下了約一百字左右的句子。

的確，只要有了開始，一切就能照目標前進！

從此，愛爾斯金的文稿累積得越來越多，也終於完成了他的第一本長篇小說，儘管愛爾斯金的工作一天比一天繁重，但是他每天仍能找出可以利用的閒暇，即使只有一分鐘。

你一天有多少時間用在工作，又有多少時間是被分配來休息睡覺？扣除這些大塊分配的時間之後，其間零散空出的時間，你都怎麼運用？

曾經有位台大醫師這麼計算：「如果每個工作天能整理並節省下二個小時，那麼一週下來我們便累積出了十個小時，又一年下來，我們便能省下五百個小時，換句話說，我們的生產力便能提高百分之二十五了！」

看完醫師的分析，你是不是也覺得很可觀呢？

我們試著縮小單位，如果我們一天能節省個十分鐘，一週下來便能多出一小時又十分鐘的可利用時間，一年下來，我們大約有一百五十二個小時可以靈活運用的時間。

那麼，你還在抱怨時間不夠嗎？

仔細地算一算，你剛剛不經意浪費掉的發呆時間，算算你搭車時，漫無目標地東張西望的時間……然後我們將清楚發現，可以讓我們充分利用的時間，竟然那樣多。

生活中的分分秒秒都價值不菲

每個人會遇見的困難與運氣其實是等量的，後來會出現不同的結果，那是因為有著不同的認知與應用。

許多創造出一番事業的人都認爲，時間無疑就是孕育自己成就的肥沃土壤。

他們知道，時間會給只知幻想卻不行動的人痛苦，卻會帶給充滿信心又勇於創造的人幸福。

麥克·默多克說：「我們每天只擁有二十四節車廂，你是用垃圾還是用鑽石來填滿它們的呢？」

時間是每個人最寶貴的財產，善於利用的人從中能預知成功的時刻。

在相同的日出日落時間裡，我們進行著各自的人生，也各自調配手中的生命時間，在一去不返的時間列車裡，我們到底會將什麼東西裝進車廂，端看自己如何選擇了。

有人將比爾蓋茲的二十四小時與工人鮑比的二十四小時相比，相同的二十四個小時，為什麼比爾蓋茲與鮑比的成就會有這麼大的差異呢？

其實，鮑比雖然只是個擦汽車玻璃的工人，不過他的口才與人際關係卻很受人們的肯定，但是不管人們怎麼鼓勵他，鮑比的生活卻始終都未見起色，更別提有什麼輝煌成就了。

每當朋友們遇見他時，鮑比總會說：「是的，我有許多夢想要實現，我一定要活出精采的人生。」

當朋友們看見他充滿著如此激昂的鬥志時，都會忍不住說：「鮑比，我相信你一定能成功的！」

然而，在紐約一家加油站工作的鮑比，話一說完，心中便又倏地興起了否定的念頭：「唉，在這個競爭激烈的紐約，我怎麼可能有什麼成就？能在這裡擦玻璃已經很好了啊！」

第二天回到加油站，慢慢地擦拭著車窗玻璃後，不斷否定自己的鮑比便忘了昨日的激越，於是日復一日，始終只能在加油站裡擦拭玻璃，領取那微薄的零錢。

反觀比爾蓋茲的景況卻截然不同，當鮑比一分鐘只賺入幾塊錢時，比爾蓋茲一分鐘內便賺進了八百美元呢！

很明顯地，同樣有二十四節車廂的兩個人，一個是裝進了空白與垃圾，一個則積極地裝滿了鑽石與寶物，從中我們得到了什麼啓發呢？

每個人會遇見的困難與運氣其實是等量的，之所以進展到後來會出現不同的結果，那是因爲不同的人，在面對勇氣與運氣時有著不同的認知與應用，一如故事中的鮑比與比爾蓋茲。

我們都有相同的二十四小時，也有轉動速度相同的分分秒秒，只是在這段相同的時間裡，因爲我們不同跨出的時間，或因爲遲疑而浪費的時間量不同，所以，我們最後在相同的時刻累積了不同的成果。

我們手中的分分秒秒到底價值多少，評價的標準並不在最後的結果，而是在我們使用的過程，即使初步結果未如預期，但是能充分利用時間，即使只有一秒鐘，也是集結成功不可或缺的一刻。

不會掌握時間，就會被時間拋棄

我們不僅要知道行動的方向，更要能合理地分配時間，能夠捉住時間的韻律，我們才能舞出完美亮麗的人生舞步。

仔細地看著鐘擺左右晃動，是否有太快或過慢的擺動情況？應該沒有這種情形吧！

唯一會出現的狀況，應該是對於不懂運籌時間的人，鐘擺聲會變成催眠聲，讓人在渾渾噩噩中忘了把握時間。

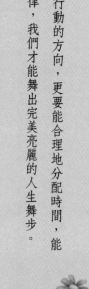

那年，溫德爾．威爾基加入了美國總統大選的戰局，機智敏銳且才華出眾的他，被喻為兩黨歷年來所提名的總統候選人中，最具感召力的人選！

一九四〇年，威爾基與已經連任兩屆總統的富蘭克林．羅斯福，一同站上了總統大選的擂台，展開一場前所未有的競爭。

由於羅斯福已經連任二屆，而且在美國歷史上還沒有連任第三屆的紀錄，所以溫德爾想利用這個「常規」，削減羅斯福的參選氣勢，並加深選民對自己支持的力量。然而，就在種種有利情況都傾向於威爾基的同時，威爾基卻讓自己一再地錯失最好的時機。

由於，他與幕僚們在安排行程時，排入了過多的繁瑣事情，以致於宣傳政見時經常失焦，讓民眾看不清楚他將給予人民什麼樣的未來和希望。

更由於威爾基在分配任務時不知道輕重緩急，以致於整個團隊經常浪費有利的時機點，更失去了最有效的宣傳機會，即使他們努力地規劃了各種競選活動與宣傳，卻始終都是事倍功半。

例如，某一天，威爾基規劃了一項活動，乘坐著火車沿途停靠，並立即在現場發展演說，雖然有許多人被他的演講所感動，但是一天下來，他的體力負荷不了，不僅聲音顯得沙啞，精神也變得越來越不濟。

選舉活動結束後，他趕往全國性的電台節目宣傳，原本可以有效地向上千百萬的人民宣傳政見，卻因為他的嗓子已受損，民眾根本無法從電台上聽見他到底能創造什麼樣的未來。

這是威爾基錯失良機最明顯的情況，因為他經常沒有弄清楚什麼才是最有效率與最好的機會，所以很明顯的，他距離成功的目標也越來越遠了。

反觀羅斯福總統就不同了，因為他行動不便且公務纏身，公開露面的機會少之又少，然而他卻十分懂得捉住機會。

因為他知道：「有效的利用時間，並有效提高每一次發表政見時的宣傳效果，即使只有一次發表政見的機會也夠了！」

所以，當他出現在相同的電台裡發表演說時，那明亮且明確的政見宣示，不僅充分讓人民明白他的方向，更讓每個仔細聆聽的選民，相信他們所聽見的一切承諾！

於是，結果正如我們所看見的，羅斯福再次地拿下了美國總統寶座，並打破了歷年來任期不過三的傳統。

威爾基的失敗在於時間上的分配不當，他忽略了時間運用之時，「質」比「量」更爲重要，因爲過度地分割、盲目使用時間，讓他無法在最好的時機表現自己，更錯失了最佳的宣傳時刻。

相反的，雖然羅斯福總統的時間比威爾基少，但是，他卻能把握住每一個最佳時刻，將自己心中的理念與未來目標明確表達出來，這不僅能讓人民更清楚他的訴求，進而讓人民明確地知道他們所想要的，並清楚地選出他們所相信的未來。

時間與行動力有著親密關係，我們不僅要知道行動的方向，更要能合理地分配時間，那就像音樂與舞步的搭配一般，能夠捉住時間的韻律，我們才能舞出完美亮麗的人生舞步。

積極等待人生的轉捩點

最壞的時候也會是最好的時刻，當人人退縮不前時，只要我們能積極前進，自然能搶得先機。

機會不等人，但是我們可以等待機會。

生活中，我們無法預見機會的芳蹤，但是面對眼前的人事物，我們應當要細心且虛心對待，因爲很多時候，改變人生的轉捩點就隱藏在你我身邊最尋常的人事物之中。

那年剛滿二十歲的開普勒，對於自己的未來充滿了不確定感，家境不好的他，學習過程很不平順，以致於拿著普通學歷，處處受到人們的歧視。

為了能夠維持基本生活，開普勒努力地找到了一份廚師工作，雖然只是臨時工作，但是開普勒卻相當用心地學習著。

有一天晚上，正當他準備關店休息時，有個澳洲人忽然闖了進來，請求他：「您好，我想請您幫個忙，因為我迷了路，已經一天都沒吃東西了，請您幫忙煮份簡單的餐點，讓我填飽肚子，拜託！」

開普勒看對方非常餓的模樣，便微笑點頭，回到廚房去準備。當他從廚房裡端著熱騰騰的餐點出來時，卻見到餐廳裡又多了一個不速之客，就坐在澳洲人前方的桌子，當他上前服務時，發現對方是個不會英文的阿拉伯人。

曾學過阿拉伯話的開普勒，這回總算派上用場，得知這位阿拉伯人也迷路了，且肚子也很餓，於是再次走到廚房烹煮。再次回到前廳時，他發現餐廳的氣氛很沉悶，或許是因為語言不通，因而兩個客人全都一言不發地坐在那兒。

於是，他將套餐送上後，便坐在他們之間開始與他們交談，一會兒用英文與澳洲客人交談，一會兒則用阿拉伯話與阿拉伯人閒聊。

令人驚訝的是，開普勒後來發現，這兩位客人竟然都經營與「羊」有關的事業，其中，澳洲客人有一個很大的綿羊養殖場，而阿拉伯人則是中東一家羊進出口公司的老闆。於是，開普勒便問澳洲人願不願意將羊出口，又問阿拉伯人是否願意從澳大利亞進口羊隻。

兩個人同時都用力地點了點頭，於是在開普勒牽線下，雙方交換了聯絡方式，並談妥了價格，一個跨國貿易就這麼成交了。當他們準備離開前，澳洲人問開普勒：「您能留連絡地址給我嗎？」

開普勒開心地點了點頭，回答說：「好啊，有時間歡迎你們再來！」

三個月後，開普勒收到了幾封信，其中有一封是從澳大利亞寄來的，原來是那位澳洲旅客。

他在信中寫道：「非常感謝您那天的遠見與幫忙，如今我已經送了好幾千隻羊到阿拉伯去了，這裡有張二萬美元的支票，希望您不要客氣，那是經理人應拿的介紹費用。」

看著這封信，開普勒心中忽然激盪著一股很強的力量，這天晚上他反覆地看著這封信，然後有了新的人生目標。這晚的確是他人生的轉折點，從此開普勒也變得更加開朗、主動，不久他走進了商場，開始了全新的美麗人生。

你認爲機會會出現在什麼時候呢？是在烈日陽光下，還是陰雨滴落的角落裡？

其實，任何時候都有可能，就像故事中的開普勒，他一定沒有料到在營業時間結束前一刻會有這樣的「奇遇」吧！

那麼，仍然辛苦等待機會的人，此刻何不讓信心重振？

不管外面的天氣是晴是陰，我們都要積極地走出去，因爲最壞的時候也會是最好的時刻，當人人退縮不前時，只要我們能積極前進，自然能搶得先機。就像原本準備「關門」的開普勒，在熱心助人的行動中，大方地迎接了未可預知的成功良機，這種主動積極的態度是經常選擇搖頭拒絕的我們應當好好學習的。

實務經驗比學歷高低更重要

高學歷不一定代表經驗豐富，因為經歷必須由我們親自碰撞、累積，這些無法從書本裡獲得。

每個人都有著與眾不同的生活歷練，所以我們要尊重彼此的經驗，並積極互動、交往，才能從中互補彼此生活經驗上的不足。

其實，學歷只是生命經歷裡的一小部份，只要我們能學會尊重有經驗的人，便能少走幾步冤枉路。

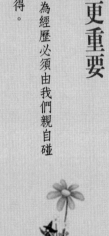

有個著名的博士受聘到一家研究所工作，是裡頭學歷最高的一位。

有一天，他到校園裡的小池塘釣魚，正巧遇見所長與副所長也在那兒釣魚，心想：「好像也沒什麼好聊的！」

於是，他禮貌性地朝著兩位所長點頭招呼後，便開始準備他的釣魚工具了。

過了一會兒，所長放下了釣竿，接著伸了伸懶腰，看起來似乎有點累了，不久便站了起來，接著竟輕鬆地從水面上如飛般地走向對面的廁所。

這位博士看見所長竟然有如此的好功夫，眼睛睜得大大地，心想：「難道所長懂得水上飄？不會吧？但這確實是個池塘啊！」

不一會兒，所長從廁所走了出來，再次地從水上飄了回來。只見博士滿臉困惑地看著所長：「這是怎麼一回事？」

博士心中雖然十分困惑，但是卻又不好意思去問，只因為他認為：「我好歹是個博士，提出這種問題恐怕會被恥笑。」

過了一會兒，連副所長也輕鬆地展露了一次「水上飄」的功夫，這會兒可把博士弄得更糊塗了：「這是怎麼一回事？難道他們兩位會特異功能？」

不久，博士也內急了，仔細一看，池塘兩邊有圍牆，要到對面廁所非得繞十分鐘的路，但又不願意向兩位所長請教「水上飄」的疑問。

憋了半天，最後他實在忍不住，竟也起身往水裡跨入，心想：「我就不信他們過得了水面，我這個博士卻過不了。」

忽然，「咚」的一聲，博士整個人跌進了水池裡。正副所長一看，連忙將他拉了起來，並問他：「你為什麼往水裡跳啊？」

只見博士滿臉尷尬地問道：「為什麼你們可以在水上飄行？」

正副所長聽了相視笑道：「我們不是在水上飄啦！你不知道這池塘裡有兩排木椿嗎？這兩天因為雨下得很大，正好將木椿淹沒了。雖然被淹沒了，但我們仍然知道木椿的位置，所以可以輕鬆踩著椿子走過去啊！咦？你不知道的話，怎麼不問一聲呢？」

「因爲我是個博士！」當故事中的主人翁心中響起了這個聲音時，我們也預見了自恃過高的人即將面臨的失敗。

高學歷不一定代表經驗豐富，因爲經歷必須由我們親自碰撞、累積，這些無法從書本裡獲得，即使有人們撰文建言，如果我們沒有親身經歷，仍舊很難明白其中的問題與竅門所在。

所以，當故事中的博士狼狽地掉入水池時，相信許多人都忍不住要嘲笑他：「不懂就要問人，何必那麼高傲？」

是啊，不懂就要「問」，即使問題太過簡單又何妨，讓人們笑一笑，從此我們不會再犯，那才是生活上避免犯錯的正確態度。

要不著痕跡地拍對方馬屁

適度地拍人馬屁，不僅是保護自己與別人的最好方式，也因為退讓了這一步，反而讓自己多了一步前進的空間！

德國詩人歌德曾寫道：「誰若不做自己的主宰，誰就永遠只能做個輸家。」

所謂成功，並不是用欺騙手段獲得虛僞的成果，而是指能用最正確的方法讓自己達成目的。

在現實生活中，爲了得到晉升的機會，我們不僅絞盡了腦汁，更花了大把的時間精力來表現自己，爲何始終都成效不彰？

可能的原因很多，但我們發現，其中最重要的一個原因是因爲我們的交際手腕不夠圓融，不懂得適度地拍人馬屁。

聰明人的拍馬屁動作，其實是一種安撫動作，爲了讓成功的步伐能夠紮實前進，他們的拍打動作會很輕，不會在馬屁上留下拍打的手跡。

一心一意想到某國擔任外交官的某位議員，由於一直都等不到總統的回應，於是決定要採取主動攻勢，希望能早日實現他的目標。

這天，他直接前往以熱愛煙斗著名的總統傑克遜家中拜訪。一如往常，傑克遜總統手執煙斗並愉悅地吞雲吐霧著。

這位議員一看見傑克遜總統，便立即提出請求：「總統，我想請您幫個忙，請您放心，我沒有什麼特別的要求，我只是想請您送給我一份小小的東西，即使已使用過的也無妨，因為那將幫助我一個很大的忙。」

傑克遜大方地說：「好，你需要我要幫什麼忙呢？」

議員吐了口氣說：「嗯，是這樣的，我家有位年邁的老父親，對您景仰已久，對您的品味更是十分推崇。剛剛我出門前，父親告訴我：『孩子，如果你有機會面見總統，能不能幫我向他要一只煙斗，讓我留作紀念。』總統大人，正因為老父親的要求，所以我不得已向您求助，不知道您願不願意滿足家父的希望呢？」

傑克遜笑著說：「當然可以啊！」

接著，傑克遜按了一下鈴，有位僕人拿著三個乾淨的煙斗出來，請這位議員挑選。但沒有想到，議員這時卻說：「對不起，想請您原諒我，因為我想了想，不如就要您現在正在使用的這只煙斗，可以嗎？」

傑克遜一聽，很客氣地問道：「這個嗎？當然可以，不過，這個煙斗我還沒有清理過呢！」

於是，傑克遜親自將煙灰掏出，豈知議員再次打斷了他的動作：「等等，將軍您別把煙灰掏空，我希望能保持它原來的模樣，特別是您使用過的最好。」

傑克遜笑著點了點頭，便親切地將煙斗遞給了他，只見議員小心翼翼地將煙斗包覆在一張紙裡，接著再三地感謝傑克遜送給了他這份寶貴的禮物，然後以十分神聖的神情離開了房間。

過了兩星期，這位議員便接到出任南美某國大使的派令。

爲了當官而大拍上司的馬屁，這是古今中外爲求發達升官的人，必然會出的招數，就像故事中的議員利用人性心理的弱點，充分地滿足了傑克遜的虛榮心理，間接成就自己的需求，可謂相當高明的方法。

這個議員沒有直接請求，也沒有表現出著急求官的態度，反而藉由轉述父親的景仰之心，進而讓傑克遜從他的推崇言語中產生了好感與信任。如此聰明的求官方法，在雙方裡子與面子皆周全顧及的情況下，使得議員因爲這個簡單的動作而輕鬆地官運亨通。

其實，拍人馬屁不一定是壞事，因爲聰明的人都會適度地拍人馬屁，那不僅是保護自己與別人的最好方式，也因爲退讓了這一步，反而讓自己多了一步前進的空間！

寬心待人是化解心結的最好方法

熱情能點燃人與人之間的情感，誠摯能融解人們心中的冷漠；先放下自己，我們便會得到別人的接納。

寬心待人是人類社會中最重要的態度，不要老是想著私利，因爲，當我們的心胸能夠敞開，接納那些曾經與我們對立的人之後，我們自然能共享社會中的大小利益而皆大歡喜。

在德國，有位傳教士西蒙．史佩拉每天都會花很多時間在田野間散步，每當人們從他身邊經過，不論對方是誰，他都會熱情地向他們問好，其中有位名叫米勒的農夫，是他每天必定會遇見的對象之一。

米勒有一座位於小鎮邊緣的農莊，史佩拉則每天都會來到他的田邊。與勤奮工作的米勒相遇時，西蒙總是大聲地向米勒說：「早安，米勒。」

其實，傳教士第一次向米勒道早安時，米勒並沒有立即給予回應，他就像小鎮裡大多數的人一樣，對於陌生人總是充滿著距離感。此外，由於猶太人和當地居民處得並不太好，更讓這個小鎮經常處於冷漠、對立，甚至是仇恨當中。所以，想讓這個小鎮裡不同族群的人，結交成為推心置腹的好朋友，實在是難上加難。

不過，這位猶太傳教士一點也不灰心，因為他的勇氣與決心，堅持一天又一天地遞送他的溫暖笑容與熱情招呼聲，終於讓聞聲時轉頭閃躲的米勒有了善意的回應。最後，他看見米勒舉起農夫帽向他示好，也看見了米勒臉上流露的親切笑容。

從此，史佩拉高聲地說「早安，米勒先生」時，米勒也會朗聲回應：「早安啊，西蒙先生！」

這樣的景況在納粹黨上台後中止了，因為史佩拉全家與村中所有的猶太人，都被集合起來送往集中營。

排在長長的行列中，史佩拉靜靜地等待發落，從行列的尾端，他遠遠地看見了指揮官正揮舞著一根指揮棒，一會兒向左指一會兒向右指。那是分配一個人生死的指揮棒，往左邊一指是死路一條，被分配到右邊的則還有生還的機會。

史佩拉排在長長的人龍之中，心臟怦怦砰砰跳動的聲音連他自己都聽見了，很快的，就要輪到他了，到底他會被派往左邊，還是右邊呢？這時，他看清楚了這位指揮官，一個有權力支配他生死的人。當他的名字被叫到時，突然之間他的恐懼竟消失得無影無蹤了，因為，他遇見了一個熟悉的「朋友」。

當他與指揮官四目相遇時，史佩拉一如往常地，輕鬆自然地向指揮官說：「早安，米勒先生。」雖然米勒的眼神裡充滿著冷酷無情，但是史佩拉看見他的那刻，心中竟然自在了許多。

當米勒聽見史佩拉的招呼聲時，身子突然不由自主地顫動了幾秒鐘，接著他也靜靜地回應了一聲：「早安啊，西蒙先生。」

忽然米勒舉起了指揮棒，喊了一聲：「右！」

史佩拉一聽，不禁激動地落下了淚，同時，他也回給了米勒一個熟悉的點頭和微笑。

人與人之間的情感要怎麼連接起來，從陌生人到好朋友的關係，又需要哪些交流過程？

其實很簡單，從故事中米勒與史佩拉的交往經過，我們便可得到啓發，一切只需要兩個字：「眞誠」！

在充滿對立與冷漠的氣氛中，史佩拉用熱情點燃了人與人之間的情感，還用誠摯的心融解了人們心中的冷漠。

在此同時，我們也看見了他那寬厚的胸襟，也領悟了：「自己先放下，然後才能得到別人的接納。」

熱情能點燃人與人之間的情感，誠摯能融解人們心中的冷漠。先放下自己，我們會得到別人的接納。

肯定自己，就是成功的第一步

當你體認到自己的價值，你便能夠勇敢接受任何挑戰，大步向前邁進。只要充滿信心，便很容易成功！

一位哲人曾說：「不要讓昨日的沮喪使明天的夢想失色，因為，每個人都有自己的價值，這個價值只會因你曾經奮鬥過多少次而提升，不會因你曾經失敗過多少次而減損！」

確實如此，只要你能充分體認自己的價值，便不會爲了昨日的不如意而悲傷沮喪，而會樂觀地活在今天，積極爲了達成明天的夢想而奮鬥。

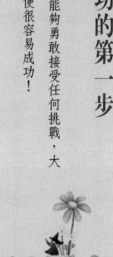

二次大戰之後，全球飽受經濟危機的衝擊，其中尤以日本為最，失業人數陡增，經濟十分不景氣。

一家面臨倒閉的食品公司為了提升競爭能力，決定瘦身整合，裁員三分之一。有三種人首當其衝：一種是清潔工，一種是司機，還有一種是沒有任何技術專長的倉管人員。

這三種人加起來有三十多名，經理分別找他們談話，說明裁員的意圖。

清潔工說：「我們很重要，如果沒有我們勤奮地打掃，就沒有清潔乾淨、健康有序的工作環境，那麼其他人又怎麼能全心投入工作？」

司機說：「我們很重要，公司有這麼多產品，如果沒有開貨車的司機，這些產品又怎麼能迅速銷往市場？」

倉管人員說：「我們也很重要，戰爭剛剛過去，有很多人為了溫飽而不擇手段，如果沒有我們負責管理倉庫，公司的這些食品豈不是要被那些流浪街頭的乞丐搶光！」

經理覺得他們每個人說的話都很有道理，權衡再三，終於決定不裁員。

他重新思考了經營與管理策略，並在公司的大門懸掛一塊大匾額，上面寫著：「我很重要。」

從那天起，員工們每天來上班時，第一眼看到的便是「我很重要」這四個字。不管站在第一線的工人還是白領管理階層，都認為公司非常器重自己，因此工作起來也特別賣力。

這句話啟動了全體員工積極奮發的工作精神。經過一年辛勤努力之後，這家公司業務蒸蒸日上，在市場上異軍突起，廣徵人才都來不及了，哪裡還會考慮裁減人員？

法國作家安德烈·馬爾羅在《寂靜的聲音》一書中寫著：「一個人只有在他努力使自己昇華時，才能成為真正的人。」

一個人想要實踐自己的人生價值，就必須看重自己，看重自己正在從事的工作，全心全力地投入，千萬不要有自卑心理。

當一個人認爲自己是重要的，便能散發出一種容光煥發的表情，整個人也顯得特別有活力。

當一個人認爲自己是重要的，便能讓其他人產生一種值得信賴的感覺。才能固然很重要，但是一個人所表現的態度更加重要。

當你體認到自己的價值，你便能夠勇敢接受任何挑戰，大步向前邁進。只要充滿信心，便很容易成功！

Part 8. 樂觀與悲觀只在轉念之間

悲觀的人總是在開心時忘了如何微笑，

而樂觀的人卻總能在不開心時重現笑容。

信守諾言是個人價值的最好投資

一個信守諾言的人才會得到他人的信賴與尊敬；謹言慎行，避免失信於人是人生應有的價值觀。

「信守承諾」不僅是做人處事最簡單的觀念，也是我們日常生活中必須建立的基本態度。

或許，實踐承諾後會有一些犧牲，但是無論過程中犧牲了多少，最終我們都會得到一定的回報。

路克是美國猶他州土爾市的一位小學校長，在他四十二歲那年曾為「一個諾言」，在雪地上爬行了將近二公里的路程去上班。那天是他第一次遲到，因為他爬行了將近三個小時後才到達學校。

關於「一個諾言」故事的緣起，起因於學期初，為了激勵全校師生們的閱讀熱情，路克校長向全校師生說：「只要你們能在十一月九日前，讀完約十五萬頁的書，那麼我會在九號那天用爬的方式來到學校。」

從校長宣示那天開始，全體師生真的開始展開閱讀活動，連附設的幼稚班小朋友們也加入了。在全體師生通力合作下，他們真的在十一月九日前讀完了超過十五萬頁的書籍。

當使命達成的那天，便有學生打電話到校長室問路克：「校長，您說的話還算不算數呢？」

後來，也有人勸他說：「校長，您已經達到了激勵學生的目的了，不用真的去爬了，那太辛苦了。」

但路克校長卻堅定地說：「不行，我已經說出口了，就一定得做到。」

一九九八年十一月九日，路克一如往常地在七點左右走出家門，只是接下來的動作與昨天不同。

只見路克校長在家門口跪了下來，接著四肢著地，開始「爬行」。

經過愛車的身邊後，他考慮到交通與安全問題，於是便朝著路邊的草地上爬去。「叭！」他身邊忽然傳來喇叭聲，原來是來往的車輛發現了校長，紛紛鳴笛鼓勵。

不久，竟然有學生也加入了校長的爬行行列，甚至還有新聞台SNG連線，報導這位校長執行「諾言」的經過。

經過了三個小時的爬行，路克校長一共磨破了五副手套和一套護膝，但無論如何他實踐了諾言，師生們也更加敬愛他們的大家長——路克校長。

當路克校長抵達校門口的那一刻，全校師生不僅夾道歡迎，還有家長也趕來歡呼。當路克從地上站立起來的時候，孩子們忽然蜂擁而上，每個人都將他視為英雄人物，個個都想擁抱、親吻他。

我們不必成爲人人羨慕的名人，只要努力成爲一個受人敬重的小人物即可。

就像故事中的校長，他用「信守諾言」來增值個人價值，也用「堅守承諾」的具體實踐來教育他的學生們。

看著校長的爬行，相信沒有人不受感動，我們也從他信守承諾的行動中，看見他人生價值的無限提升。

從中，我們了解信守承諾的重要性，對於言語謹慎的重要性也有了更進一步的認知。

知道了「避免失言」也等於減少「失信於人」的機會，那麼當我們下一次準備開口說「我答應」前，別忘了確實評估自己實踐的勇氣與能力。

想佔上風，請先保持冷靜

懂得忍讓的人從不感到委屈，他們之所以自發地退讓，是因為他們在冷靜退讓後的角度中，看見了另一片更寬廣的發展空間。

當生活或工作陷入困境，不妨提醒自己多一點信心，把負面情緒從腦海中除去，如此才能爲自己找到最好的出路。

跟著情緒行動的人，失去的機會一定比保持冷靜的人還要多，因爲依靠情緒行動的人，很容易讓自己的缺點完全曝露，對手將一眼識破他的弱點。

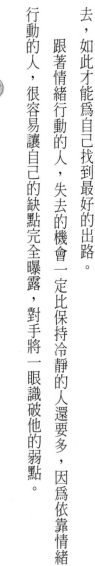

格拉斯今天將和一位非常難碰面的人約會，在希爾德公司擔任銷售經理這麼多年，他為了與這位重量級的客戶見面已經等了很久了。

這天，他們約好上午九點整在客戶的會客室見面，然而，格拉斯一直等到了九點半才看見這個人走出辦公室。

然而，這位客戶似乎並沒有發現格拉斯，直接走向秘書桌邊與同事說笑，接著便又走了他的辦公室中。

等到十點時，格拉斯忍不住問接待的秘書人員：「請問，布萊克先生什麼時候能見我？」

秘書冷冷地看了格拉斯一眼，不悅地回答道：「我不知道，他正在忙，你再等一會兒吧！」

格拉斯有些埋怨地說：「他很忙嗎？我剛剛還看見他走出來聊天啊！」

秘書回答：「總之，他有時間見你的時候，自然會出來見你！」

格拉斯聽見秘書如此高傲，情緒有些被挑起，就在發作前，突然他想起了自己在當拳擊手時，教練送給他的一句話：「不要生氣，當別人生氣的時候，他們必定會得到反效果，如果你能保冷靜，最終你一定能佔上風。」

於是，他不斷地提醒自己：「冷靜，不要讓憤怒佔上風，否則你會讓自己曝露在危險中，任由對手擺佈。」

枯坐在接待室裡思索的格拉斯，看著自己名片上的「銷售經理」四個字，忽然意識到：「看來，他一定是故意要激怒我！不行，如果我真的被一時的情緒影響，恐怕無法理智地發揮自己的能力，所以，格拉斯，你一定要冷靜地接受考驗。」

格拉斯在接待室裡與自己爭鬥一番後，情緒終於緩和了下來，只見他滿臉微笑，耐心等待著：「他最終會來找我的，當他朝著我走來時，我便知道是誰佔上風了！」

想像自己也正如故事中的格拉斯一般，遇到了相同的爲難景況，然後再試著想像，面對這樣的情況你會怎麼處理？

是像格拉斯般不斷地告訴自己：「我知道他是想考驗我，格拉斯，你一定能

把情緒冷靜下來，反正你時間多得是！」

還是會情緒一挑，憤憤不平地說：「少了你這筆生意又怎樣？我就不相信沒有其他的機會！」

其實，無論哪一個想法都有積極正面的意義，只是後者受制於情緒上的情況更多於前者，而我們都知道，容易受制於情緒操控的人，無論在什麼樣的情況下，確實很容易失去最好的機會。

懂得忍讓的人從不感到委屈，他們之所以自發地退讓，是因爲他們在冷靜退讓後的角度中，看見了另一片更寬廣的發展空間。

他們更知道：「只要我們比別人更加冷靜，不僅什麼也不會失去，反而有機會得到人們讓步的空間。」

把中心點讓給對方站立

無論事情有多困難或有多少阻礙，懂得在第一時間捉住人心，那麼成功目標肯定已完成一半。

在談判的過程中，我們要把對方視爲我們成功的中心，凡事都以對方的利益爲考慮重心，並主動滿足對方的需要，如此一來，我們才能輕易地得到對方的積極配合，也更能培養出創造共同利益的默契。

有人認為安德魯・卡內基的成功，是靠著「重視別人的名字」這一點獨特認知而成為舉世聞名的鋼鐵大王。

據說這個「命名」的創意最早發生在他小的時候，那時還只是個孩子的卡內基和一群孩子們正在玩耍，不久他在草地上發現了一窩小兔子。

卡內基發現小兔子似乎餓了，但是他卻沒有東西可以餵牠們，忽然他想出了一個妙方。只見他對著其他孩子們說：「只要有人可以找到食物餵小兔子，那麼我就用你們的名字來為小兔子命名。」

孩子們一聽，立即四處找尋食物，而卡內基從中也獲得了不少啟發，特別是在他未來的事業上。

有一年，卡內基為了臥車生意之事和喬治·普爾門爭鬥了很久。當時，卡內基的公司與普爾門的公司，為了爭奪聯合太平洋鐵路公司的生意，雙方互不相讓，經過一番廝殺，最後竟造成兩敗俱傷的局面。

有一天，卡內基忽然想起了兒時的這段往事，於是他和普爾門在拜訪完鐵路公司的董事會後，相約在一家飯店碰面。

普爾門一踏入餐館，卡內基立即說：「晚安，普爾門先生，我想，我們還是停止爭鬥了吧！再這樣下去，只會出洋相的！」

普爾門一聽，不解地問：「為什麼這麼說？」

於是，卡內基將自己重新計劃好的事，仔細地說給他聽：「我認為我們兩間公司可以合併起來！」

接著，他將合作後的版圖與利益詳加說明，並將爭鬥的壞處仔細分析，然後進一步希望得到普爾門的認同與支持。

雖然普爾門聽得相當專心，但是當卡內基將計劃說完後，他用懷疑的眼神問道：「那這間新公司叫什麼名字呢？」

卡內基毫不猶豫地說：「就叫，普爾門皇宮臥車公司！」

普爾門一聽，立即瞪大了雙眼，漫不經心的神情隨即變成滿臉精神的模樣。

他聽到卡內基的「命名」後，立即說：「嗯，等會兒我們再到我的辦公室裡好好地討論一下！」

從心理層面來看，卡內基的成功是必然的，因爲一個懂得捉住「人心」的人，無論事情有多困難或有多少阻礙，當他懂得在第一時間捉住人心，那麼他的成功目標肯定已完成一半。

所謂「攻心爲上」，卡內基緊捉人性的虛榮心理，並退讓地以對方的「名字」作爲代表稱號時，他已很清楚地區別了兩者的內在需求不同。而我們也很清楚地看見，普爾門是個名聲重於合作利益的人，而卡內基則是個尋求合作更重於名聲的聰明商人。

從中我們也很輕易地比較出，卡內基的未來將會超越每一個人的預測。

從故事中，仍然汲汲營營地追求成功的人，又得到了多少啓發？

其實，卡內基的成功定律很簡單，他只強調一件事：「**想成功，就要先放開私心，退讓出紅心點給對方站立。**」

聰明的人不會只看見圓靶上的那個紅點，他們知道，把紅心視爲圓規的中心定點，然後他便能劃出另一塊伸展無限的「圓」地！

用旁敲側擊的方式說出批評的聲音

在貼體對方心理與尊重對方的前提下，生動地以對比的方式找出問題的癥結，並建築出一個良好的溝通交流管道。

不是用激情的批評言語，就能點出對方的錯誤步伐，也不是用直率的批評言語，就能點醒對方的錯誤認知，因爲在高亢的批評聲中，人們經常無法清楚地辨識批評的重點。

有個國王一直認為自己治國的成果，比起他的父親和祖父們來得好。

這天，國王忍不住向大臣們問道：「我的政績比起先祖和先父是不是比較好？如今我國境內的子民，是不是比從前過得更加幸福、安樂呢？」

大臣們聽見國王這麼問，一時間鴉雀無聲，這時有位老宰相便對他說：「吾王啊，這個問題，恐怕要由同時經歷過您的祖父、父親與您的老人來回答，這個問題臣等恐怕無法給您答案。」

於是，國王立即下令，把那些同時經歷過國王及其祖父、父親統治的老人請進宮建言。最後，士兵們終於找到了一位老裁縫師傅，經歷三代王朝的他，駝著背走進了皇宮中。

國王一看見老人家，便急切地問：「您經歷了我們祖孫三朝，那麼請您告訴我，我的政績如何？」

老師傅抬頭看了看國王，點了點頭說：「皇上，請您慢慢地聽我說！」

國王點頭答應，接著還賜座給老人家，老人坐下後便繼續說：「五十年前，正是您祖父掌理朝政的時期，那年發生了一場大風暴，成千上萬的房子一夕間全被吹翻了。當時，有一個路人提著許多沉重的袋子，身邊則跟著一位滿身都是首飾的婦人，他們為躲避風暴來到我家的，那幾天，食衣住行全由我張羅、幫助，等到風暴過去後，我還用牛車送他們回去。」

說到這裡，宮女送來了一杯水給老人，老人喝了口水後，才又繼續：「等到您的父親執政時，我已經是個老頭子了，每當想起那次大風暴，我總是想著，那天我為什麼不求回報呢？我應該向那個富人要點銀兩才是，我真是太笨了！你想想，當時家裡來了個財神爺，我竟然什麼也不求地送他們回去，是不是很笨呢？現在，每當我想起那件事，就十分後悔！」

老人家輕鬆地說完故事後，也沒有抬頭多看皇上一眼，只漫不經心地看了看皇宮四周。聰明的國王聽完老師傅的話後，也很快地明白其中的意思，他明白：「祖父的政績比父親好，而父親的政績則比自己好，總之，我治國的情況是最糟糕的！」國王從老人的話中話裡聽出了自己的問題，從此不再自傲於自己的大小政績，開始學會謙卑，並著手改進自己的治國態度與政治理念。

從列舉三個朝代中生活態度的變化，輕輕地點出不同朝代下的心態轉變，我們很輕易地看見了老人家對於三朝的評比。

這是老人家的人生智慧，沒有直接評論國王的功過，而是從同一件事在內心轉變的過程，點出執政者的治國能力越來越差，同時也點出了不同時期的問題所在，這種旁敲側擊的提醒方式，確實更能發人深省。

沒有人不需要批評的聲音，只是我們能否像故事中的老人家，活用生命經歷，在貼體對方心理與尊重對方的前提下，生動地以對比的方式找出問題的癥結，並建築出一個良好的溝通交流管道？這或者正是焦躁的現代人所迫切學習的智慧。

其實，在日常生活中，我們都曾經是傾聽意見的人，也曾是提供建言的人，什麼樣的話語最能觸碰人心，也最能得到期盼的回應與接納，相信在每個人的心中都有一個標準。只是，我們是否能遵照這個標準，提出良善建言，進而得到對方的接納與改進意願，這些都得靠聰明的你努力推敲琢磨。

用巧妙的比喻達成自己的目的

談判並不需定脣槍舌劍，很多時候用一個巧妙的比喻或清晰的形容詞彙，反而更能讓人了解對方的需求與目的。

作家班．瓊森曾說：「能夠用語言表達自己的想法，是人類優於其他動物的地方。在言談中，詞彙是軀體，語言是靈魂。」

在談判桌上，我們想要爭取自身應有的利益，並尋求對方能夠接受的退讓空間，就一定要用心地累積和活用生活智慧，因爲成功的談判技巧很難從刻板的理論中獲得。

為了伊朗石油價格的問題，伊朗首相穆罕默德決定和英國人進行一場石油談判，好為他的國家多爭取一些利益。

不久，英國派來了一位著名的經濟專家蒙夫里爾．哈里曼。兩個人坐在談判桌上，穆罕默德首先開出條件：「我方認為，目前的原油價格實在太低了，我們想要調漲一成。」

哈里曼一聽，滿臉為難地看著穆罕默德，接著說：「首相，在談判桌上我們應當理智地討論問題，您說是不是呢？」

穆罕默德點了點頭，說：「那當然！」

哈里曼看著穆罕默德同意他的說法，便又積極地說話：「那麼，我們就必須共同遵守一些原則，是吧！」

穆罕默德側著頭想了一會兒，接著又問：「要遵守什麼原則？」

只見哈里曼滿臉自信地說：「譬如，我們很少看見一件東西的局部獲利，竟比它整體的價格還要大，不是嗎？」

聰明的穆罕默德聽見這位經濟專家這麼說，只笑著問：「是嗎？你認為這個原則真的站得住腳嗎？如果您的學識果真非常淵博，那麼您應當知道，狐狸的尾巴不是比牠的身子還要長嗎？」

哈里曼與一同前來的英國官員，聽見穆罕默德這個絕妙的比喻，都忍不住笑出聲來。

最後，哈里曼對他說：「是的，您說的沒錯！」

談判並不需定唇槍舌劍，很多時候用一個巧妙的比喻或清晰的形容詞彙，反而更能讓人了解對方的需求與目的，就如同故事中的穆罕默德，用具體的事物來駁斥哈里曼佔據利益的企圖心。

其實，坐在談判的圓桌上，沒有人不爲自己的利益著想，然而如何才能「創造雙贏」，這才是具有合作關係的雙方應該認真思考的方向。因爲，無論在什麼樣的競爭關係中，共謀雙方的利益，比單打獨鬥所掙得的好處來得更加永久。

所以，我們不必扯破臉對立，而是要在顧及對方情緒與立場的態度中，聰明地將問題換個角度切入，就像穆罕默德從狐狸尾巴比身長的對比中，學習談判高手的想像與機智。

在他靈活反應的表現能力中，我們領悟到：「從日常生活中累積談判的素材，並學會活用生活中的物件來做例證與對比，如此，更能迅速地獲得對方的接納與妥協。」

讓步，也要有一定限度

給自己獨立的思考空間，也給自己堅持原則的勇氣，我們才能避開一場又一場的錯誤，也才能激盪出非凡的未來藍圖。

雖然待人處事要以和爲貴，但當我們將對方視爲最信賴的友朋，並處處包容朋友的同時，仍然要有自己的堅持，而不該是一味地退讓，因爲過度的退縮，最終恐怕會出賣了自己。

我們都有自己的獨立觀點、個人原則與立場，正因爲每個人都擁有著思考的獨立性，所以我們不該一味地退讓，一味地迎合，而忘了溝通談判時的原則，即交換個人心得與想法的重要性。

一九三八年，希特勒吞併奧地利後，便立即展開侵佔捷克的行動，他以某區域糾紛為藉口，向捷克提出重劃領土的要求。

對此，當年的英國首相張伯倫與法國總理達拉第為了拉攏德國，共同對抗蘇聯，竟對希特勒的侵略行為採取退讓政策。

一開始，張伯倫便不斷施加壓力，要求捷克政府要盡力滿足德國，而希特勒則在法、英兩國暗中默許下，開始在蘇台德地區蓄意製造事端。

為了加快妥協的腳步，張伯倫還派員充當捷克與日耳曼人的中間協調人，然而特派員對日耳曼人的姿態卻越來越低，對捷克政府則愈來愈苛刻。

就在日耳曼人與捷克的摩擦越演越烈之際，德軍忽然調派了數十萬精兵至邊境，接著還公然進行軍事演習。原來，工於計謀的希特勒，一方面對捷克軟硬兼施，另方面則企圖以武力要挾英法。

眼看著德國不斷地製造事端，張伯倫不得已，千里跋涉至德國，準備親自與希特勒會晤、溝通。

只是沒想到這場談判，卻讓希特勒更加壯大，因為張伯倫完全被希特勒操控，為了得到德國的最大妥協，他一再地退讓，甚至還不斷地向希特勒示好。無論希特勒提出什麼不合理的意見，一心只想避免戰爭的張伯倫，竟什麼事都答應了。

後來，英、法、德、意四國在慕尼黑召開一場協調會議，雖名為協調會議，事實上是將捷克更進一步完全出賣給希特勒，至於張伯倫則成了出賣捷克的實質「仲介人」。

看著歷史上的錯誤，相信許多人都忍不住想重返當年歷史，好直斥歷史人物的是非對錯，並扭轉歷史故事的結局。但是，果眞能回到當時，我們是否眞能開解張伯倫的錯誤嗎？

或許不能吧！因爲活在當時，自然會有當時的盲點，爲了避免合作關係破裂而一味退讓的張伯倫，在外交謀略上的失敗與造成悲劇的情況，不也隱隱約約地與現實生活中的你我處事方式不謀而合呢？

因爲害怕或沒有勇氣改變，我們總是經常做出「一味妥協、退讓」的答應，最終合了對方的意，卻苦了自己的心。

在這樣的心不甘情不願的合作關係下，我們不僅很難造出美好的未來，更有可能爲自己人生新添一筆錯誤。

所以，給自己一個獨立的思考空間，也給自己一個堅持原則的勇氣，因爲有機會集結不同的個人視野與角度，我們才能避開一場又一場的錯誤，也才能激盪出非凡的未來藍圖。

樂觀與悲觀只在轉念之間

悲觀的人總是在開心時忘了如何微笑，而樂觀的人卻總能在不開心時重現笑容。

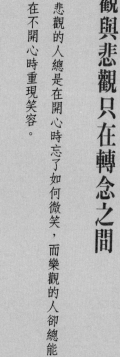

無論是悲觀還是樂觀的念頭，唯一能改變或掌控的人始終是我們自己，如果你希望能夠天天微笑，那麼你現在該進行的工作，正是對著鏡裡的自己說：「笑一笑吧！」

老陳育有一對可愛的雙胞胎兄弟，不過兩個外表極其相似的男孩，在個性上與

想法上卻是南轅北轍，一個是極端樂觀主義的追隨者，一個則是無可救藥的悲觀主義者。

在雙胞胎生日的這天，老陳想試試雙胞胎兒子面對事情時的反應與態度。於是，他在悲觀兒子的房裡堆滿了各種新奇的玩具與遊戲機，至於樂觀兒子房裡的東西卻是一堆馬糞。

晚上，老陳走過悲觀兒子的房門，卻發現兒子正坐在玩具堆中傷心地哭泣著。

老陳連忙著急地問：「我的寶貝兒子啊！你為了什麼事在哭呢？今天是你的生日啊！是不是玩具太少了？」

小男孩聽見爸爸的關切聲，竟哭得更大聲了，接著他還嗚咽地說：「不是玩具太少，而是我怕我的朋友們會嫉妒我，還有，這麼多玩具的使用說明書，我要讀很久後才能玩啊！而且，這些玩具要不斷地更換電池，最後還會壞掉，想了想，我便忍不住地哭了起來。」

老陳聽見悲觀的兒子這麼說，無奈地嘆了口氣。他拍了拍兒子的肩膀後，接著又安慰了幾句便離開了。

這會兒，他走進了樂觀兒子的房間，卻發現，這個兒子竟然在馬糞堆裡快樂地叫喊著。

老陳好奇地問兒子：「我的寶貝兒子啊！什麼事讓你這麼開心呢？」

男孩眉開眼笑地說：「咦？我當然高興啊！爸爸，我知道這附近一定有匹小馬！你說是不是？」

老陳聽見樂觀兒子的想法，忍不住笑著點了點頭，他心中盤算著：「等會又要去花錢了！」

雖然我們都知道，樂觀與悲觀只是一個轉念，但是當我們完成了這個轉念之後，它卻足以影響我們一輩子。

懂得轉化悲傷或化解傷痛的人，就像故事中那個樂觀地將「馬糞」聯想至「小馬」的男孩。一個相信陽光隨時都會出現的人，自然是處處皆黃金，即使生活再辛苦，也會積極地生活，因爲對他們來說：「遇見風雨是正常的，陽光最後終究會出現。」

反之，生活充滿悲觀擔憂的人，一如故事中的悲觀男孩，即使外面陽光普照，也會擔心：「午後恐怕會有一場雷陣雨！」

無論是悲觀主義者或樂觀主義者的人生，都一樣會在開心與不開心的情緒中轉換，只是悲觀的人總是在開心時忘了如何微笑，而樂觀的人卻總能在不開心時重現笑容。

然後，我們從這樣的比較中發現，樂觀積極的人都是調解心中快樂與悲傷的高手，對他們來說：「能夠建造成功快樂人生的人，只有我自己。」

培養生活樂趣，尋找生活創意

眼前事物是單調，還是創意無限，無法靠著事物本身的表現去獲得，因為，一切得發揮你我的積極想像。

西班牙作家伊巴涅斯曾經在他的著作裡寫道：「人的才能就在於使生活快樂，所謂的創意，就在於在於用燦爛的色彩，使陰暗的環境明亮，使生活中枯燥乏味的事物變得有趣。」

穿著一套T恤、短褲到沙灘上走走，等待大自然的自在與遼闊來開啓我們的心，然後，我們便能從中找到生活的樂趣，快樂地將生活中的喜怒哀樂事一一轉變爲生活創意的來源。

喬亞帶著孩子們正在沙灘上玩耍，忽然孩子們全來到喬亞身邊撒嬌：「爹地，快來和我們玩沙堆！」

為了滿足孩子們的要求，喬亞便加入了他們的堆沙堡行動。沙堡越堆越大，但是，喬亞卻對這個沙堡的造型相當不滿意，心想：「這個『建築物』看起來真醜，這個由一桶又一桶沙子堆起的物體，實在太平淡無奇了，一點樂趣與美感都沒有。」

喬亞在心中想像著，下星期還要再堆這種無聊的玩意，心中竟生起了一陣厭煩感。他想著：「如果，下星期還要跟孩子們花上好幾個小時剷沙土，那麼我就得想點花招和變化才行。」

於是，為了讓他手中的第二個沙堡更美更好，喬亞回到家後，便經常把自己關在屋裡，仔細研製一些裝沙的造型模子。

周末再次到來了，孩子們果然又要父親堆沙堡了。

喬亞朗回應一聲後，接著便從包包裡拿出了各式模具。孩子們看見滿地形狀各異的彩色塑膠模型，都忍不住驚叫連連：「爹地，這是什麼啊？」或是：「爹地，你是不是要建造一座皇宮啊？」

孩子們好奇又興奮的聲音越來越高昂，而喬亞面對著孩子們的歡笑聲，只輕輕地回以一個微笑，接著便一邊專心地製作他心中的美麗沙堡，一邊則向好奇的孩子們介紹他所設計的這套沙堡的「施工設備」。

一個小時過去了，在他身邊聚集了越來越多的人，他們對於喬亞的工具與獨特的建築物都充滿了好奇與讚嘆。

幾個周末過去了，喬亞的工具越來越多，沙堡的造型也越來越多元、精緻。這天，他在做完新的沙堡後，忽然想：「我這些創意工具應當與大家一起分享才對啊！」

於是，他下午便帶著自己的塑沙模型來到一間玩具公司。

他仔細地向老闆介紹這些工具的使用方法與樂趣，很快地，老闆也被吸引住了，立即說：「我們可以立即簽約，不過我有個條件，你必須不斷地開發出新的模具。」

喬亞聽到老闆的最後一個條件，忍不住停頓思考了一會兒，接著他說：「我很願意繼續研發玩具，但是以我目前的工作與生活情況，恐怕……」

玩具公司的老闆笑著打斷了他的話：「我明白，所以我希望你能只為我們公司工作，至於設計費用，只要你希望多少，我們便提供多少，如何？」

喬亞不敢相信地看著老闆，接著開心地點了點頭。

從此，人們便看見喬亞天天穿著短褲在沙灘玩耍，一切只為了世界各地的小朋友們，他要讓他們拿著各式各樣的沙堆玩具盡情玩耍。

站在相同的沙灘上，把玩著相同的海邊沙土，對你來說，眼前的沙灘有多少想像空間，有多少快樂感受呢？

站在沙灘上，爲何人們都無法暫拋遠方辦公室裡的文件，好好享受此刻的陽光、海洋呢？

眼前事物是單調，還是創意無限，無法靠著事物本身的表現去獲得，因爲，一切得發揮你我的積極想像。

就像故事中的喬亞，小小的沙粒能有如此多元的變化，靠的正是他對生活的熱情與想像。

希望過著眞正快樂的生活，就要爲生活找出更多的樂趣，當你與朋友們或孩子們一塊同樂時，便要像喬亞般充分地釋放自己，並在玩樂之中盡情想像、享受生活。如此，才能從這樣的自在快樂的生活步調中，建構出屬於我們的美妙人生。

少計較才能讓成功長駐

聰明的商人懂得在絕對「計較」的觀念裡，找出「不計較」的商量空間，好讓對方心甘情願地讓出一片更寬廣的空間。

伊索在寓言故事集裡提醒世人：「有些人因為貪婪，想得到更多的東西，卻把現在所有的也失掉了。」

無論我們處在什麼樣的環境，目光都要放得長遠，細心地照顧對方的需要，不過分計較自己一時的得失，反而更能讓自己獲得長久的利益。

福斯特的公司曾經與弗萊公司有過一年的合作關係，當時福斯特以市場上既定的價格，向弗萊公司購買一些原料物件等，對弗萊公司來說，福斯特是他們當時最重要的客戶之一。

有一天，弗萊公司的副總裁伍德沃德與福斯特連絡，希望能與他在匹茲堡見面，討論合約上的一些問題。

福斯特提早一天抵達，一夜的休息與思考，讓他在第二天早上與伍德沃德見面時，便猜出對方提出見面的原因了。

果然，一如福斯特所預料的，對方一見面便說：「我仔細地看過目前雙方所簽定的合約，然後我發現，我們現在恐怕無法照著合約上的價格，供給您們這些材料了，因為那實在不敷成本。」

一般人聽到這裡幾乎會這麼想：「是嗎？想提高價錢了是吧。那麼我們七個月後再談吧！」

而一般供應商聽到客戶這麼說，也幾乎都會退讓，繼續照著合約供貨，但彼此之間的合作關係恐怕會越來越不愉快。

但是，事業剛有起步的福斯特心裡卻想著：「我的確很需要一個穩固且能長期合作的供貨商，他們所提供的材料品質一直都很穩定，在價格方面，我們似乎也該有些讓步！」

於是，福斯特問：「那麼這紙合約您希望怎麼修改？」

伍德沃德說：「在材料價格我們希望能改為二十元。」

接著，伍德沃德向福斯特解釋物價調漲的原因。福斯特仔細聽完他的解釋後，點了點頭，接著又拿出了一張紙，並在上面寫下一個數字。

伍德沃德一看，吃驚地說：「二十五塊？我剛剛是說，我只要調漲到二十元就好！」

福斯特笑著說：「我知道，但是我願意支付二十五塊。」

伍德沃德又問：「為什麼？」

福斯特沒有多說什麼，只問：「請你告訴我，你們打算在新合約上簽多長的合作時間？」

伍德沃德想了想，說：「三年！」

福斯特一聽，滿意地點了點頭。

於是，在新合約上，福斯特得到了一個長期合作的承諾，而伍德沃德則得到了一個好的價錢與重要客戶。

伍德沃德回到公司報告時，全公司的人幾乎認定他是個英雄，而福斯特則在飛機上想像著，弗萊總裁向公司員工說的話：「嗯，對方願意主動多給我們五塊錢，證明他是個值得長期合作的伙伴。」

在傳統的商場競爭觀念中，大多數人的認知是「錙銖必較」、「分毫不差」，在即使只有一塊錢也要競爭的財富計較中，又有多少人眞正地獲得了「計較」後的好處呢？

一個聰明的商人懂得在這絕對「計較」的觀念裡，找出「不計較」的商量空間，好讓對方因爲自己的讓步，而心甘情願地讓出一片更寬廣的空間，故事中的福斯特便是最好的例證。

也許有人想提出質疑：「多出來的五塊錢，在成本計較與盈收利潤的計算時，累積出來的數目可不小啊！」

就白紙黑字上的金錢計較，成本累積確實不小，但若是從長遠的角度來看，建立一個穩定且可靠的合作關係，不正是人們最渴求的目標嗎？

對福斯特來說，「長期合作」與「原料品質」的可靠性，絕對比當下的金錢計算來得更爲實際。他的故事提醒我們，不要管金錢收入的一時起跌，而要認眞地在商場上建立一個紮實的根，只要守住了根本，自然能等到枝葉茂盛的豐收結果。

Part 9.

用微笑 面對別人的嘲笑

面對別人的嘲笑，

輕鬆地自我解嘲比惱羞成怒

更能展現我們的包容力和成熟度。

用微笑面對別人的嘲笑

面對別人的嘲笑，輕鬆地自我解嘲比惱羞成怒更能展現我們的包容力和成熟度。

聽見嘲笑聲，我們大方地微笑以對吧！

能夠看淡人們情緒性的嘲笑與辱罵，不僅更能表現出我們的肚量，也更能在別人脫序的情緒中，爲自己空出冷靜的思考空間，並領先他們一步。

美國總統福特在大學時期曾是橄欖球隊的一員，愛好運動的他，六十二歲入主白宮時，身材看起來仍然十分挺拔且活力四射。

一九七五年，福特到奧地利訪問時發生了一個小意外，那天他從飛機的旋梯走下來時，不小心被絆倒了，只見他雙腳一滑，忽然跌倒在跑道上，所幸身體硬朗的福特很快地便跳了起來，表示他沒事。

沒想到，記者們竟將這件事當笑話新聞來處理，甚至還有人開始傳說，福特總統不僅行動不靈敏，而且笨手笨腳的。

從這次意外開始，每次福特總統一有意外發生，便會被人們誇大渲染，到了後來，甚至即使什麼事也沒發生，也要被記者們嘲笑一番，像哥倫比亞廣播公司便曾這麼報導：「我們一直等待著總統再次撞傷或扭傷，這類新聞才能吸引更多的讀者！」

更有電視節目的主持人故意模仿總統的滑跤動作，不過這一次卻引來總統府新聞秘書聶森的抗議，他憤怒地對記者說：「福特總統是位十分健康且優雅的人，他可是歷年來身體最好一位總統啊！」

後來福特聽說這件事，便笑著對記者們說：「我是個喜歡活動的人，當然比任何人都容易跌跤囉！」

有一天，他在記者協會上與著名主持人蔡斯同台。節目開始時，蔡斯先出場，只見他模仿著福特總統出現的神情，忽然，他像被東西絆住了，咚的一聲跌坐在地板上，接著又整個人滑向了另一方。

台下觀眾一看，都知道蔡斯故意在模仿總統，由於非常逼真，全忍不住捧腹大笑了起來，連福特總統本人也被逗笑了。

輪到福特總統出場時，沒想到意外又發生了，因為他的衣角被桌子勾住了，接著他雙手高舉，桌上的杯盤與稿紙等全都掉到了地上。

觀眾一看，以為福特總統也是故意搞笑的，於是現場又是一陣哄堂大笑。

福特總統則瀟灑地擺了擺手，微笑地對蔡斯說：「蔡斯先生，您果然是位專業的演員！」

面對別人惡意的嘲笑，輕鬆地自我解嘲，遠比惱羞成怒更能展現我們的包容力和成熟度。

無論是因爲自己的不足，或是因爲出錯而引來人們的嘲笑，聰明的人都會用幽默回應，因爲，不管對方是有意還是無意的笑鬧，最後也只是想看著我們「惱羞成怒」，然後在情緒的激化下，我們會做出另一個更令人忍不住想捧腹大笑的幼稚行爲。

這是人際交往中最常發生的事，當然也曾經在我們身上發生，仔細地回憶一下，當相同的事情發生在我們身上時，是憤怒比較能掙回面子，還是微笑的姿態更能擄獲人心呢？

改變思路，才有更好的出路

每個人都有一顆聰明的腦袋，只要我們願意多動動腦，讓思路多轉幾個彎，都能讓自己有更寬闊的出路。

現代人在爲自己爭取權利的時候，已經太習慣用直接批判來爭取，更習慣用高亢情緒來抗爭，然而一如我們常見的情況，或許很快地得到了回應，但最後卻也造成了人與人之間對立與情感的破裂。

蘇聯有句諺語說：「不打碎雞蛋，就做不成蛋糕。」

的確，在人生的旅途中，或許你有很多自認爲非常棒的想法與做法，但是，如果你不懂得因地制宜，不懂得改變思路，那麼，你可能就永遠找不到自己的人

生出路。

有一次，詩人但丁出席一場由威尼斯執政官所舉行的宴會，會場上的餐點都是由服務生一份又一份地送到參與者的餐桌上。

但很明顯地，這場由官方舉辦的宴會仍然有著階級上的差別待遇，因為當服務生送來一盤盤魚的時候，但丁發現，在義大利各邦交使節桌上的煎魚又大又肥，而來到自己面前的卻是一隻隻很小很小的魚。

對此，但丁並沒有表示抗議，不過他也沒有挾起魚來吃，而是將餐盤裡的小魚一條又一條地拿了起來，接著還將它們湊近自己的耳朵，似乎正在聆聽什麼似地。接著，只見他又將小魚一一放回盤裡，並滿臉肅穆地看著眼前的魚兒們。

這時，執政官看見了但丁的舉動，上前詢問：「你在做什麼？」

但丁大聲地說：「喔，也沒什麼，我有位朋友幾年前去逝了，當時我們以海葬的方式送他。因為我很想念他，不知道他現在的遺體是否還在，所以我問問這些小魚們，知不知道他的情況。」

執政官信以為真，又繼續追問：「那小魚們說了些什麼呢？」

但丁說：「嗯，它們說：『因為我還很小，對於過去的事知道得不多，你不如向同桌的大魚們打聽一下，也許消息會多一些。』」

執政官聽見但丁說「向同桌的大魚打聽」時，恍然大悟地大笑了一聲，然後他說：「是，是，是，我明白了！」

不久，詩人面前便端上了一條全桌最肥美的煎魚。

莎士比亞曾說：「想法，在結果顯現以前，只能稱之為夢想。」

因此，不論你擁有再如何好的想法，如果不能根據現實來修正，那麼這個想法就只是一個無法助你達到目標的夢想。換言之，不懂得改變思路的人，就像一艘不知道見風轉舵的船，永遠也無法達到目的地。

看著但丁絕妙地用「小魚的經歷」來表示抗議，以擬人與隱喻的方式埋怨盤中的魚身太小，確實輕巧地避開了主辦單位怠慢客人的尷尬，這個充滿幽默感的表現方式，確實讓人會心一笑。

換做是你，面對他人的不合理待遇時，是否會像但丁一般，在表達自己的不滿情緒時，也能顧及別人的感受呢？

想避免生活中的衝突與對立，改變思路是絕對必要的，當強調個性化的時代來臨時，不是直言不諱就不會產生誤解，也不是大膽直接就一定能清清楚楚地將問題解決。很多時候，正因爲太過直接，因爲缺乏待人的關懷或體貼，反而會衍生出更多不必要的怨懟與誤會。

但丁的這則軼事告訴我們，其實每個人都有一顆聰明的腦袋，只要我們願意多動動腦，願意讓思路多轉幾個彎，都能想出借用「小魚與大魚的出生經歷」的幽默隱喻，輕輕鬆鬆地搭起人際間的溝通橋樑，開開心心地化解人與人之間的誤解和對立，讓自己有更寬闊的出路。

不要讓自己成爲別人的困擾

要多注意自己的言行舉止，因為，當我們帶給別人不方便或麻煩時，我們也為自己帶來了許多困擾。

如果不希望別人成爲我們的困擾，那麼，我們應當先自我反省，要求自己不要成爲別人的麻煩。

凡事從自己做起，然後我們才有資格要求或糾正他人的錯誤，唯有秉持著這樣的態度，人與人之間才能永享和平共處的時刻。

有六個年輕人相約一塊兒搭火車旅行，還請售票員讓他們坐在同一車廂內。六個人當中，有五個人全都安靜地休息著，但是第六個年輕人卻相當不安分，非但不肯安安靜靜地坐在位子上，還故意喧鬧打擾其他乘客的安寧，朋友們怎麼勸他都不聽。

終於，讓他們熬到了目的地，其他五個年輕人全急急忙忙地下車，似乎想立即拋下那個惱人的朋友，絲毫不管那個年輕人很辛苦地，獨自一人提著兩個沉重的皮箱下車。

年輕人好不容易將行李搬下車，並往站台內走去。

就在他走了好長一段路後，突然在他身後傳來了一個聲音，那是一位對他十分不滿的乘客所發出的聲音：「你把一件東西留在車廂裡了！」

這位乘客一說完，便將窗戶關上，年輕人聽見有人通知他東西遺漏了，連忙提著兩個沉甸甸的皮箱往回跑。

但是，他實在太累了，根本趕不及上車拿取，火車便啟動了，著急的他連忙呼喊道：「我留了什麼東西啊？」

火車開動了，這時車窗再次被打開，那位乘客並沒有探出頭，他用力地朝著窗外喊道：「是一個極壞的印象！」

團體裡不管成員複雜還是簡單，總會有害群之馬，我們不必急著批評別人，而要先反省自己是不是別人的困擾來源。

生活上，我們確實要多注意自己的言行舉止，因爲，當我們帶給別人不方便或麻煩時，同時我們也爲自己帶來了許多困擾，就像故事中那位製造麻煩的年輕人，最後獨自一人辛苦地提著笨重的行李，沒有人願意幫忙外，朋友們也迅速避開且放棄了他。

其實，在人群之中，我們很難去掌控別人，正因爲集衆人之力也不見得能掌控他人，最後我們只好反過來要求自己，並清楚地告訴自己：「凡事都要謹守自己本份。」只要我們能守住這個原則，自然能避開任何人際上的衝突或處事時的對立情況了。

情緒與衝動是失敗的重要幫手

個性較為衝動的人容易用情緒來處理事情，且在缺乏冷靜或理性的思考情況下，失敗的機率也往往超乎想像。

證嚴法師曾說：「凡事能以沉著的心來思考，就不會累積嗔怒的情緒，也就不會因一時衝動而鑄成大錯，後悔莫及。」

不妨仔細回想一下，每當我們衝動地表現出情緒化的言行之後，在我們心中出現的，是舒坦還是懊悔？

巴頓將軍是第二次大戰期間最著名的美軍將領，雖然他以作戰大膽出奇而為人稱道，但性格上的衝動，卻差點釀成大禍，影響自己的軍事生涯。

在西西里戰役中，有一天，巴頓來到一所野戰醫院探望受傷的士兵，當他環顧著醫院滿滿的士兵，忽然瞥見有個士兵正坐在包紮所旁的一個置物箱上。於是，巴頓親切地上前問他：「孩子，你生病了嗎？」

士兵一副苦瓜臉地說：「沒有，我只是受不了。」

巴頓不是很明白地問：「為什麼受不了？」

士兵有些激動地說：「我受不了再當砲灰了。」

士兵一邊說一邊流淚，但是眼淚卻沒有引來巴頓的同情與安慰。

他聽到士兵竟然當場埋怨了起來，十分憤怒地斥責著：「你還以為自己是在當小差啊？」

巴頓將軍一說完話，竟給了這個士兵一記耳光，接著又說：「你現在立即給我歸隊，好好地做個堂堂正正的男子漢！」

很快地，巴頓毆打士兵的消息便傳開了，由於他這個舉動觸犯了相關的軍規法律，身為將軍的他知法犯法，對軍心士氣影響甚巨，而且這恐怕會令將軍與士兵之間的溝通出現危機。

當時，美國國會議員與多位政府官員都提出建言，要求中央將巴頓召回國，並交由軍事法庭審理。

面對一時衝動所引來的風波，巴頓冷靜思考後，對自己的行為感到十分後悔。他說：「我現在還蒙受著這個打人的恥辱，我感覺就像被關在囚牢裡；除非我能創造一個功業，來彌補並證明我自己。」

巴頓對自己有了一番深省，再加上艾森豪威爾將軍非常肯定巴頓的能力，努力地為巴頓辯解，終於讓他免去了上軍事法庭受審的命運。

繼續留任歐洲的巴頓，最後以消滅法西斯的戰果，證明了自己的能力。

有位科技公司的總經理曾說：「在情緒性的反應下所做的決定或行為，通常缺乏縝密的思考，因此很容易產生錯誤的判斷與選擇。」

換句話說，個性較爲衝動的人容易用情緒來處理事情，且在缺乏冷靜或理性的思考情況下，失敗的機率也往往超乎想像。

巴頓將軍的一時衝動所引發的後續效應，如果當時他不願自省並承認錯誤，恐怕連艾森豪將軍也幫不了忙的。

因此，「及時悔改」，是所有因爲一時情緒而犯錯的人，在事情發生後第一件必須做的事。因爲，那不只是爲了獲得對方的原諒，更是給自己一個台階下的最好方式。

忍耐不代表一味地退縮

當巨浪朝著我們襲擊而來時，正面迎擊，不僅能避免被巨浪淹沒的危機，還能乘著高漲的浪潮來到高處。

「忍耐」是門相當高明的生活藝術，在進退之間，何時該進，何時該退，全看我們能否正確無誤地捉住進退之間的律動。

那不僅能維護我們的自身利益，更能讓雙方在正確的進退步伐中，取得更有利於彼此的平衡點。

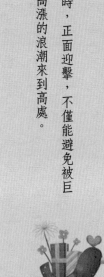

拿破崙在地中海的科西嘉島上出生，由於科西嘉島是個很偏僻的地方，島上的居民的生活情況也普遍不佳，當然拿破崙的家境也不例外。

到了拿破崙十歲那年，因為一家人的生活更為窘迫，不得不離鄉背井，爭取進入免費招生的巴黎布里恩納軍事學校讀書，因為這是分攤家計的另一種方法。操著科西嘉口音的拿破崙，不僅身上的衣物破舊，而且看起來渾身地鄉巴佬模樣，令軍校裡的許多貴族公子們非常瞧不起。

然而，經常受到同儕欺負的拿破崙卻隱忍不發，因為他想：「我好不容易爭取到機會，不可以因為一時意氣，而喪失眼前的一切。」

於是，拿破崙幾乎每天都被嘲諷聲所包圍，許多貴族公子們一天到晚對著他裝鬼臉，甚至向他吐口水，或罵他「臭鄉巴佬兒」。

但是，一個人的忍耐限度是有限的，一旦情緒被填滿了，終究會滿溢出來。這天又被羞辱的拿破崙，看著眼前張牙舞爪的同齡年輕人，心想：「如果我繼續再忍氣吞聲，恐怕不是個男子漢的作為。」

雖然他心中這麼想著，並也沒有立即反攻，反而又按捺了自己的衝動，又想：

「那我該怎麼辦呢？他們這麼多人，我要先攻擊誰呢？」

於是，處事冷靜的拿破崙，仔細琢磨了四天後，終於想出了一個出奇制勝的「作戰計劃」。他決定先把其中幾位最風光體面的傢伙，狠狠地教訓一頓，那些小跟班肯定要嚇破膽，不敢再蠢動。

這天，當那群貴公子們再次挑釁時，拿破崙忽然像頭暴怒的小雄獅般，猛地抓住了一個貴族的小外甥，接著更對準了他的肚子，狠狠地砸了一拳。

只見那個貴族子弟疼得叫喊了好幾聲後，接著就倒地不起，而那些小跟班們見狀，全都慌亂了手腳，平時的氣焰不見了，一看見情勢不對，紛紛轉頭就走，扔下他們的頭兒。

拿破崙這一招果然很靈，從此，軍校裡的貴公子們再也不敢招惹這位科西嘉來的「鄉下佬」了。

忍耐並不是一味地退讓，就像故事中的拿破崙一樣，如果當年他只是一味地逃避退縮，任人宰割，今天的史書上恐怕就不會出現拿破崙三個字了。

平凡的你我不也如此？過度的隱忍其實容易造成逃避退縮的心理！或許有人要問：「那麼，我們在什麼情況下不必再忍呢？」

其實，反擊的時機點很好把握，只要我們發現自己的鬥志在不斷的忍讓中慢慢消散，或是當對方過度地侵犯到我們的根本利益時，就是我們做出最適當的反擊時機了。

「忍一時」的確能得到風平浪靜，然而當風浪無視於我們的隱忍，仍然捲起了當巨浪朝著我們襲擊而來時，正面迎擊，不僅能避免被巨浪淹沒的危機，我們還能乘著高漲的浪潮來到高處，接受人們的仰望。

找對觀望角度，就能看見幸福

沒有人能真正地達到完美，但我們卻可以在不足中擁有滿足，只要我們捉對了人生的觀望角度。

德拉克羅瓦曾經說過：「哪怕是最果斷的人，只要他對自己沒有信心，也會變成一個懦夫。」

想肯定自己的價值，就必須先喜歡自己。

如果你不喜歡自己，誰會喜歡你？如果你不肯定自己，又有誰會肯定你？

找出自己的價值！如此一來，你便會從生活和工作中，看到更開闊的前景，找到原以爲絕不可能屬於自己的快樂與成就感。

克里絲汀是許多人羨慕的對象，擁有一個完美家庭的她，也擁有著人人羨慕的年輕活力與智慧。

許多朋友很喜歡與她一同外出，因為外形搶眼的她，無論在什麼樣的場合中，總是人們注目的焦點，鄰桌的男士會頻頻投以關注的眼神，鄰桌女姓會看著她開始竊竊私語，總之有了克里絲汀的陪伴感覺很特別，因為她讓許多朋友們都沾光。

但是令人難以想像的是，當克里絲汀將一個人視為莫逆時，她便會開始向她講述她悲慘的生活，像是為了減肥而跳凌波舞，或是為了保持體形而不斷努力，最終卻演變成厭食症等等。

朋友們聽到她這麼說之時，無不吃驚得目瞪口呆，特別是當她認真地說：「我一直覺得自己長得又胖又醜，沒有人愛我！」

即使朋友們真誠地說：「妳想太多了，所有人對於妳的容貌與好運氣，可是相當羨慕呢！只要能像妳一樣擁有這一切，無論要付出多少，我們都願意。」克里絲汀聽了友人的話後，也會搖了搖頭說：「算了，這些安慰話我聽多了，謝謝妳的安慰，不過那對我來說於事無補。」

總之，只要人們越是肯定她是個幸運且幸福的女子，克里絲汀就越加反駁。

沒有人知道克里絲汀希望得到怎樣的滿足，他們唯一可以確定的是，無論現在擁有了多少人人羨慕的生活，她始終都不覺滿足。

生活不需要完美，因爲太過完美的日子，會讓人失去生活的鬥志。

曾演過超人的克里斯托夫．瑞維斯，在一場表演意外中受傷，出院後，他辛苦撐著摔斷的脖子，並充感激地對著鏡頭說：「感謝上帝留下了我這條命，因爲祂讓我知道，我可以去做些眞正有意義的事，像是爲殘障朋友們提供更好的服務等。」

因爲生命有缺，所以我們知道要補足其中的不完美處，因爲我們知道自己的人生有缺，所以聰明的人懂得知足與珍惜，而不會像克里絲汀一般，在人人羨慕的完美中，爲了顧及完美而失去了開放的心胸。

現實生活中，我們看見許多和克里絲汀一樣的人們，老是爲了腹部的一小層脂肪而苦惱不已，或是惱怒無法完美的自己與人生，每天糾結著心情，卻只是爲了這類芝麻綠豆的小事，會不會很好笑呢？

不必羨慕別人的完美，也不必追求絕對的完美。

沒有人能眞正地達到完美，但我們卻可以在不足中擁有滿足；開朗的心情要靠我們自己建立，因爲，只要我們捉對了人生的觀望角度，自能在綿綿細雨中看見你我渴盼的那道彩虹。

接受批評才能精益求精

能聽見批評的人是幸福的，因為那不僅能讓你即時發現錯誤，即時改正，更能讓你比別人早一步踏上完美人生的階梯。

成功者必須面對的批評聲，往往比尋常人多上好幾倍，而他們包容接納的胸襟，也往往比我們寬上好幾倍。

究其原因，他們總是只有一個理由：「因為我不是完人，免不了會有缺點，所以我必須仔細聆聽人們的批評聲音。」

為協商脫離英國獨立的北美十三個殖民地代表們，正齊聚在會議室裡，他們一致推舉富蘭克林、傑弗遜和亞當斯負責起草一份宣言，執筆者則由才華洋溢的傑弗遜所擔任。

只是自負文采過人的傑弗遜，很不喜歡人們對他有所批評。所以，將《獨立宣言》草稿送給委員會審核時，與起草人一同坐在會議室外等待時，傑弗遜便顯得焦慮不安。

時間不知道過了多久，一直等不到消息的傑弗遜，似乎等得有點不耐煩，忽然站了起來，接著便在原地來回地踱步。

坐在他身邊的富蘭克林，看著傑弗遜的焦躁不安，忍不住拍了拍傑弗遜的背，接著還講了一個年輕友人的故事來開導他。

富蘭克林說，他的這個朋友原本是個帽店的學徒，三年學習期滿之後，便決定要自己開一間帽子專賣店。

首先，他親自設計了一個店面招牌，上面寫著「約翰・湯普森帽店，現金販售約翰製作的各式禮帽」，而文字的下面則畫了一頂帽子。

就在準備請人依樣製作招牌之前，約翰把設計草稿拿給朋友們看：「你們有沒有什麼意見？」

第一個朋友看了看，認真地批評道：「你應該把『帽店』刪除，因為那是多餘的。」

第二位朋友看了，也直接批評說：「約翰，你應該把『約翰製作的』省略，因為顧客們不會太在意帽子是誰製作的，只要商品質量好、樣式好看，他們自然會購買了。」

第三位朋友看了則說：「去掉『現金』兩個字吧！在我們這裡，很少有人會賒帳！」

於是，幾經刪除之後，設計圖上的文字已經相當精簡，只剩下「約翰．湯普森販售各式禮帽」與手繪的帽子圖。

「販售各式禮帽？」最後一位朋友看了之後，對餘下的幾個字也提出了疑惑。他說：「約翰，『販售』這個字是多餘的，因為沒有人會指望你送帽子給他啊！」

於是，約翰將「販售」一詞刪除，然後又仔細地看著剩下的幾個字，最後把

「各式禮帽」也刪了，因為他想：「下面已經畫了一頂帽子啊！」

就這樣，約翰的帽子店終於開張了，招牌掛出來時，上面醒目地寫著「約翰·湯普森」幾個大字，下面則是一頂新潮的禮帽圖樣，對於這個簡單明瞭的招牌，每位進門的顧客們無不稱讚有加。

聽完了這個故事，原本自負且焦躁不安的傑弗遜漸漸地平靜了下來，向富蘭克林點了點頭，表示明白了。

終於，《獨立宣言》草案在眾人們精心推敲、修改後完美撰成，如今更成為全世界的人們傳頌不朽的民主宣言。

聽見別人的批評，你都如何因應？是怒目相向，是反唇相譏，還是虛心接受並默默反省呢？

從富蘭克林用來安撫傑弗遜的小故事中，我們可以看見「去蕪存菁」的過程，經過一步又一步的刪除，帽子店的招牌不僅越來越明確、清晰，也越來越具有廣告宣傳的吸引力和效果，一如美國獨立宣言草稿般。

沒有人一出手便是完美的，能集眾智總是比單打獨鬥更能把握住成功的第一時機，所以，當傑弗遜明白富蘭克林的勸諫後，不僅明白了團結力量的好處，也更懂得接納批評後，自己將擁有的進步空間有多寬廣。

所以，有人說：「能聽見批評的人是幸福的，因為那不僅能讓你及時發現錯誤，及時改正，更能讓你比別人早一步踏上完美人生的階梯。」

開口不代表就一定要說話

當我們準備高談闊論時，先仔細想想，接下來的話語是否妥當，如果仍然是一段口水爭論，那麼還是學著把話吞回去吧！

幽默作家馬克吐溫在《傻瓜威爾遜的日曆》上曾經諷刺地寫道：「人在尷尬的場合，緊急的場合或絕望的場合，褻瀆之言便會脫口而出，這一點甚至連信徒都不例外。」

其實，張開口，我們不一定要大聲說話，有時候也可以是一個用來化解紛爭的咧嘴笑容。

相同的，閉上嘴巴，也不一定是因爲退縮，有時候只是爲了避免言語的衝突越演越烈。

卡爾文·柯立芝是美國第三十任總統，傳記作家指出，看似政績平平的他，其實是位頗富特色的人。

一九二四年，柯立芝就以壓倒性的優勢擊敗了民主黨候選人，再度登上了總統寶座，當時他的競選口號是：「冷靜，柯立芝！」

自從入主白宮以後，柯立芝將搖椅放在前門迴廊，夜晚時分，經常坐在那兒抽雪茄與思考。

曾經有人評批他：「在總統生涯裡，他所做的最大功績，就是他比任何一個總統都睡得多，多睡少說的情況下，他把自己包覆在高尚的沉默中，而雙腳則靠在桌上，打發著一天又一天的懶散日子。」也因此，人們後來還為他取了一個「沉默卡爾文」的綽號。

大選那年，在一場記者上，一開始便有人問他：「關於這次競選，不知道你有什麼話要說嗎？」

「沒有。」柯立芝搖了搖頭回答。

另一位記者又問：「那麼，你要不要談談目前的世界局勢？」

「不！」柯立芝依舊搖了搖頭。

另一家報社記者則問：「那關於禁酒令的消息，你有什麼看法？」

「沒有。」柯立芝始終都不願給予回應。

當記者們失望地準備離開前，柯立芝忽然又叫住了他們，接著嚴肅地說：「記住，你們不可以隨便引用我的話。」

結束了加利福尼亞州競選之旅，柯立芝準備返回華盛頓時，隨身採訪的記者們問他：「您有什麼話要對美國人民說嗎？」柯立芝先是楞了一會兒，接著只說「再見」便結束了。

對於這樣簡短的回應與訴說，柯立芝一直都有自己的見解，有一次他對友人說：「我知道自己該怎樣應付這種場面，如果你什麼也不說，就不會有人要你重複回應。」

然而他的行為和態度，卻被名記者門肯評道：「在美國總統的記錄上，他幾乎是空白的，沒有什麼人記得他做過什麼事或說過什麼話。」

其實門肯判斷錯了，因為柯立芝後來說過的很多話，如今都成了美國人民的名言警句。

像是當他擔任馬薩諸塞州州長時，面對波士頓警察的罷工行動，他所留下的這段評論，便成為日後人們記憶深刻的柯立芝語錄：「不論在任何地方或任何時候，我們都沒有權力舉行反對公共安全的罷工運動。」

正因為這番堅持公權力的話語，讓他的名字散佈美國的各個角落，且進一步讓他成為日後當選副總統最有效的宣傳。

俗話說：「話多不如話少，話少不如話好。」

我們從故事看見，柯立芝徹底地實踐也享有了這句俗話的好處，正因爲懂得「說得好又不如說得巧」道理，所以柯立芝不談世界的多變，也不隨意批評禁酒政令。這不只是身爲一個公衆人物應有的謹慎，更因爲他知道，自己的地位和名聲對世人有著一定的影響力，也會是人們信仰的目標，所以他要謹守「惜話如金」的原則。

這是身爲美國總統的柯立芝的謹慎，就像他曾說過的一句名言：「如果我們能保持冷靜地坐下來，那麼我們生活上有五分之四的困難都會消失。」

爲了避免不必要的對立與誤解，何不學學柯立芝的行動表現？當我們準備高談闊論時，還是先仔細想想，接下來的話語是否妥當，如果說出口的話語仍然是一段口水爭論，那麼還是學著把話吞回去吧！

「模稜兩可」也是一種說話技巧

以模稜兩可的方式來導言，這不僅能技巧性掩蓋對於眼前人物認知上的不足，也能避免掉不必要的誤謬。

在一般情況下，話語裡充滿了「模稜兩可」這四個字，代表著說話的人不夠誠懇，也不夠負責。

但是，如果換個角度來評斷，當我們爲了解決紛爭或突然的衝突時，模稜兩可的話語，反而能沖淡彼此緊張對立的氣氛。

在對立點模糊之後，我們不僅能找到整理情緒的空間，也能進一步讓彼此進退皆宜的有利空間。

喬治是美國一位著名的宴會祝詞專家，一生中參與過的宴席實在難以計數，當然，因為他的開場祝詞，而讓宴會圓滿達成的數量更是無法細數。

不過，在這麼多成功宴會中，其有一場卻差點破壞了他的圓滿計劃。

那是一年一度的禁食節，原本在飯店裡休息的喬治，忽然被兩名惡棍強行帶走，他們強迫他去參加一場名為「約尹．史密斯」的黑道宴會。

喬治一聽到是幫派的宴會，立即拒絕道：「對不起，我不知道誰是史密斯先生，我不知道怎麼該撰寫他的祝詞啊！」

兩名小混混一聽，只說：「他是一個很重要的人物！」

在宴會廳上，喬治被架上了講席台，而台下的客人們則正在開懷暢飲，熱鬧非凡。當喬治被架上台時，現場登時安靜了下來，全心等待這位著名的祝詞專家怎麼恭維他們的大哥。

喬治見狀更加緊張，深怕一不小心說錯了話讓自己小命不保。喬治小心翼翼地問著身邊的人：「關於史密斯先生，我可以說些什麼？他又有些什麼成就呢？」

台下的人答道：「你在幹什麼？你不是很聰明嗎？」

喬治緊張地吞嚥了一口水，接著又看著台下開始狂飲的大哥們，竟嚇得渾身發抖了起來。

最後，他用力地抽了一口剛剛接到手上的雪茄，當他吐出了一口煙後，便大聲地說：「各位，這將是我永生難忘的一場宴會！你們看看我，我真是愚笨啊！能參與你們的盛會，且能為偉大的史密斯先生的好好地表揚一番，那是一件多麼榮耀的事。大家想想，是誰渡過了德拉瓦河？又是誰解放了黑奴？是誰發明了電？又是誰戰勝了三凡山之役呢？也許，這些不是史密斯先生的功勞，但我知道，如果老天爺也給了他這樣的機會，他一定也能完成這些偉大的功績！你們說，是不是呢？謝謝！」

多數人習慣在模糊與直言之間，選擇一個絕對的溝通方法，而熟知我們的人確實也能體會其中的眞正含意，但是萬一遇上了不熟識我們性格的人呢？他們又是否能夠體會，在我們慣用的「絕對」中所隱含的本意呢？

就像故事中的喬治，習慣先了解背景與熟知表揚對象之後，再提出正確且直接的讚揚，所以當他被迫爲黑道大哥發表讚美詞時，因爲不熟悉人物背景，也無法確定當下的宴會屬性，因此他知道，如果選擇「直接陳述」，那必然埋伏著說錯話的危機。

所以，他以模稜兩可的方式來導言，不僅技巧性掩蓋他對於眼前人物認知上的不足，也避免掉不必要的誤謬；在避開了可能的言語誤解之後，他總算在這樣的非常場所中獲得「天助自助」的奧援。

Part 10.

成功只有途徑，沒有捷徑

「肯付出，不怕辛苦！」
這幾乎是所有成功者踏出第一步後的重要寫照，
因為他們堅持相信：「有付出就一定會有收穫！」

能反省過去才能面對未來

生活就是如此，沒有深刻的自省，就無法修正自己的錯誤，錯誤無法修正，又如何能重新展開自己的精采人生呢？

面對已經過去的昨日，你會用多少時間來評斷審視自己？面對曾經犯下的錯誤，你又會用多少時間來反省自己？當你認真反省過後，你又會用多少時間來糾正自己？

握緊雙拳而來的我們，最終都將攤開雙手而去，過去和未來的關係該怎麼連接，或者就在「緊握雙拳」時懂得「攤開雙手」中找到串連。

不久之前，有件事深深地啟發了凱斯。

那天早上，因病長住醫院的凱斯，正準備到對面大樓接受幾項檢查。

坐在輪椅上的凱斯，在護士的推移中慢慢地穿過了醫院的迴廊，接著則穿過了一個小院子。許久沒有走出病房的凱斯，一出病房便感受到迎面而來的光照，忍不住嘆道：「哇，好溫暖喔！」

護士笑著對他說：「嗯，太陽很美！」

凱斯抬頭看著天空，陽光正溫暖地照著他整個身子和一顆冰凍許久的心。

他伸手托著灑落的光線，心想：「這陽光多麼美麗，太陽的光輝實在媚人啊！不知道有多少人和我一般，正快樂地享受這和煦的陽光？」

凱斯想到這裡，忍不住看了看四周的人們。但是，他始終只看見來去匆匆的人影：「唉，真可惜，怎麼沒有人欣賞這個燦爛金光呢？」

忽然，他想起了過去的自己：「我過去不也是這樣嗎？每天讓自己困在日常事物中，對於大自然的一切良辰美景，我不也無動於衷嗎？」一番自省後頓悟，凱斯為自己重建了一個新的人生觀：「要好好地把握住美麗生命中的每一刻！」

看著凱斯從陽光中看清昨日的自己，我們似乎也看見自己的昨日之非。

每個人都有昨日，只是有人選擇遺忘昨天，用以關閉明天必須面對的現實。當然，也有人像凱斯一般，勇敢打開、面對昨天門扉裡的一切，也虛心、坦然地接受明天的指正，這是爲了讓今天的陽光繼續照耀自己的未來。

生活就是如此，沒有深刻的自省，就無法修正自己的錯誤，錯誤無法修正，又如何能重新展開自己的精采人生呢？

在人生的進退之間，在生活的取捨之間，我們都背負著許多考驗與抉擇，只是無論如何，就像凱斯在文中所想表達的醒悟：「人生這樣美好，為什麼要浪費時間在焦慮與愁煩中呢？時間在我們手上，陽光在我們心中，你我的人生沒有所謂的好與壞，只有能否開懷面對的勇氣罷了！」

成功只有途徑，沒有捷徑

「肯付出，不怕辛苦！」這幾乎是所有成功者踏出第一步後的重要寫照，因為他們堅持相信：「有付出就一定會有收穫！」

童話作家安徒生曾經提醒我們行動的重要性，他說：「凡是能衝向前去的，碰撞出來的火花都是美麗的。」

人生的道路是由內心世界的延伸，無論自己處在多麼嚴酷的境遇之中，都不能產生悲觀絕望的念頭，反而要更加充滿信心。

想戰勝惡劣的環境，想活得比別人幸運，你就必須充滿「我一定可以」的信心。只要充滿自信，你就會是自己的幸運之神！

白手興家的美國鋼鐵大王安德魯．卡內基，是世界公認的成功人士，而他的成功則是從小打好的基礎。

為了分擔家計，卡內基十歲時便進到一間紡織廠當童工，雖然工作一週只有一美元二角的報酬，但是卡內基從來不埋怨，反而更加積極地找尋其他的賺錢機會。

不久之後，他找到了看管燒鍋爐與油槽浸紗管的工作。雖然油池的氣味令人作嘔，雖然待在炙熱鍋爐旁邊十分難受，但是卡內基始終都緊咬著牙，告訴自己要堅持下去。

卡內基還知道，他除了要努力地賺錢外，更要積極地充實自己。他對自己說：「我不能潦倒一生，我要積極奮發，努力學習！」

於是，白天工作，傍晚則進夜校讀書，慢慢地他從一般會計演算進階到專業會計課程，這些都是他後來成就鋼鐵王國的基礎。

一天，卡內基下課後，父親對他說：「孩子，匹茲堡市的大衛電報公司，正缺一個送電報的小差，你有興趣嗎？」

卡內基一聽，連忙道：「好，這是個機會！」

第二天早上，卡內基穿上全新的衣飾，與父親一同前往大衛電報公司。

來到公司門口，卡內基忽然對父親說：「爸爸，我想一個人單獨進去，您先在這裡等我吧！」

父親明白地點了點頭，接著說：「加油！」

於是，卡內基獨自一人走到二樓的面試官前。大衛先生仔細地打量了這個蘇格蘭少年，問道：「匹茲堡市區的大小街道你熟悉嗎？」

卡內基語氣堅定地回答：「不熟，但是，我保證會在一個星期內將每一個彎道都記住，並把匹茲堡內所有街道名記熟！還有……」

卡內基接著又補充道：「雖然我的個子很小，但是我跑步的速度很快，絕對不會耽誤送報的時間，這點請您放心！」

大衛先生聽見卡內基自信滿滿地保證著，滿意地笑著說：「好，周薪二塊半美元，而且要從現在開始工作喔！如何？」

卡內基一聽，連忙點了點頭！

就這樣，卡內基邁出了人生的第一步，當時他只有十四歲。在短短不到一個星期內，身著綠色制服的卡內基實現了他面試時許下的諾言。

兩個星期後，他連郊區的路徑也瞭若指掌，個兒小卻勤快的他，很快地便得到全公司的肯定與認同。

一個月後，卡內基被單獨留下。當他跨進總經理辦公室時，大衛總經理拍了拍他的肩膀說：「小伙子，你比其他人更加努力、勤勉，所以從這個月開始單獨為你加薪，以後每周改為十三塊半美元。」

一年後他更坐上了管理階層的位子。

從學習打電報到熟悉發送電報，日積月累下來，卡內基就像在一所商業學校裡學習專業商務，在滴答滴答的打電報聲中，慢慢地累積了未來事業的地基。在這段難得的工作環境中，卡內基說：「我人生階梯上的第一步，正是從當時開始！」

有位企業主曾說：「成功有途徑，但沒有捷徑。」

所以，我們看見卡內基在故事中「一步一腳印」的努力過程，也聽見他認眞踩踏在人生階梯上的步伐聲，其中點滴付出的努力，似乎無法用一句話「成功沒有捷徑」解釋得完。

相同的，希望獲得成就的我們，始終得靠我們自己去實踐與體驗。

「肯付出，不怕辛苦！」這幾乎是所有成功人士踏出第一步後的重要寫照，就像故事中的卡內基一般，他們不怕付出，因爲他們堅持相信：「有付出就一定會有收穫！」

給對方一個將功贖罪的機會

在非常時候，給對方再一次機會，不是非婦人之仁的表現，而是另一種糾正錯誤的輔助方法。

沒有人會是完人，對於那些能用心面對錯誤，決定痛改前非的人，我們何妨再給他一次機會？

因爲，他們未來的發展與改進的空間，經常超過我們所想像，甚至也超越他們自己所預料的。

宋太祖建國初期，有個軍校向朝廷誣告巡使郭進未按軍法治理西山，還造謠郭進亂施淫威，令小老百姓痛苦不堪。

宋太祖看完奏章，立即派人將前因後果了解一番，最後發現這個軍校誣告，於是下令：「將這個軍校交給郭進，由他親自處決這個擾亂軍心的叛徒。」

然而，正值北漢軍隊大舉入侵的危險時刻，郭進實在不想在這個非常時候審理此案，忽然，他想到了折衷的方法。

郭進對著這個軍校說：「你竟然敢向朝廷捏造我的是非，膽子實在不小啊！不過，我今天饒你不死，只要你能打敗眼前的北漢敵軍，我不僅會保住你的性命，更會向朝廷薦舉你升官。」

這個方法果然奏效，軍校一聽，連忙跪拜謝恩，隨即趕赴前線，奮勇殺敵。郭進不僅換得一名勇士，此役更因此而大捷歸來。

郭進也信守承諾，當勝利消息傳回兵營時，便立即寫好奏摺上奏朝廷，請求太祖能賞賜給這個軍校一官半職。

但是，宋太祖看完奏摺時卻說：「什麼？他陷害忠良大臣，竟想憑這點功勞贖罪？」於是，太祖又把軍校送回到郭進面前，要讓郭進自行處決。

郭進看見軍校被遣送回來，得知宋太祖拒絕賜官，於是他決定親自上朝，請求皇上答應。

他對宋太祖說：「皇上，如果您使我失信於人，這恐怕會讓微臣再也找不到可用之才啊！」

太祖聽見郭進這麼解釋後，只得答應郭進的要求。

識才也惜才的郭進，深知給予懲罰，不如給人一個將功贖罪的機會，因爲那不僅能夠擄獲人心，更是維持社會秩序與正義的最佳方法。

在非常時候，給對方再一次機會，不是非婦人之仁的表現，而是另一種糾正錯誤的輔助方法，當郭進退讓一步留給對方多一步的改進空間時，我們確實也看見了軍校努力彌補的力道。

人非聖賢，孰能無過？當我們犯錯時，不也希望得到別人的原諒與再一次努力的機會嗎？

那麼，我們換個角度想，當別人犯錯的時候，我們是否也願意再給對方一次機會將功補過呢？

沒有人希望從此一蹶不振，也沒有人能接受人們的一再否定，我們都是需要被肯定與鼓勵的人，也更渴望從錯誤中重新站起的人，這是身爲人的共同特徵，也是每一個生命的內在精神。

因此，我們要像郭進一樣，堅定地相信：「再給他再一次的機會，也等於給自己一次機會，因為當我們願意施恩於人之時，我們一定會接到他們感恩圖報的回應。」

所有的功勞都是別人的

不需邀功，也不需要爭名逐利，能快樂地享受自己的人生，能自在地活出自己，這才是享受且成就人生的最好方式。

無論我們最終擁有什麼樣的名聲或成就，始終都有許多要感激的人。因爲，沒有一個人的成就可以完全獨立達成，也沒有人可以阻絕他人的幫助，而獨自完成一件任務。

一九三一年，盧瑟福因為科學上的成就，被英國政府授予極高的勳爵封號。但是，每當盧瑟福聽見這類封號與讚美時，從來都不願把這些榮譽視為理所當然，甚至他還經常拒絕接受表揚。

所以，他經常聲明：「我不想接受這些勳爵，因為它對我這樣的科學家來說，是一件很不利的事。」

除此之外，盧瑟福更常將自己的成就，歸功給他人，他總是懷著無限感激的情感，仔細記述那些曾經幫助過他的朋友或團體。

例如，一九三二年，他便向一位採訪記者說：「關於原子轉變的第一個發現者，其實並不是我，在這裡我要正確地說明一下，這份科學榮譽應當屬於麥克吉爾大學的。」

接著，他還進一步指出，一九〇二年到一九〇四年間他所積累的實驗證據，其實是由索迪與他一起完成的。他還明確地指出：「總之，我這些年來每一樣激越人心的發現，第一步確實都是在蒙特利爾完成的。」

不願獨自居功的盧瑟福，從來都不願意把榮譽和成就都記到自己的功勞簿裡。

他說：「科學家的成就無法單靠一個人的力量或思想獲得，它必須依靠幾千人的智慧一起找出問題和答案。換句話說，每一個問題都必須依賴不同的人分別找出答案，然後再做最後的匯整與反覆佐證，最終才能找出最正確的答案。」

這是謙虛的盧瑟福對於自己成功的解說，他不想把功勞全歸於自己一個人身上，他堅持：「一個人的成就得靠集體智慧而得！」

就像他在皇家文學學會的一場演講中，詳細地論述玻爾的原子結構學說，他指出：「在我看來，從十九世紀末葉算起至今，大約二十五年的時間內，這個原子結構學說的完成，其實全有賴於以下三個基本而得，第一是一八九五年的X射線，二是一八九六年的放射性，第三則是一八九七年湯姆生所證實的電子。」

「功勞還是別人的」，依照盧瑟福的論述，後來的科學研究實際上都是來源於這三大發現，而他所列舉的這三項重大發現中，竟沒有一個是屬於他的。人們也從這裡再一次地看見：「盧瑟福果然是個謙虛又質樸的人。」

對盧瑟福來說，科學是在時間的串連下，結合了前人與今人的智慧，而他只能代表這項科學成就裡的的一個小分子，不能代表全部。

所以，他不願獨佔成功，也不願承認自己的功勞，只想繼續成爲下一個科學成就裡的一份子。

於是，我們看見盧瑟福的生活哲思：「把所有功勞都讓給別人，因爲我有我的價值標準。」

那麼，盧瑟福的價值標準是什麼？

正是：「不需邀功，也不需要爭名逐利，能快樂地享受自己的人生，能自在地活出自己，這才是享受且成就人生的最好方式！」

訊息，是成功的彈藥

邁向成功的過程就像一場戰爭，想要打贏這場戰爭，你就不能缺少最重要的彈藥——訊息。

不論做什麼工作，充分的準備都是必須的，所謂充分的準備，其實就是看你所掌握的訊息充不充足。

具備充分訊息，對所要做的事就一定會有深入的了解，在制定計劃時就不會像無頭蒼蠅一樣。

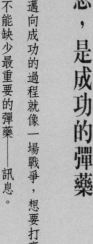

有一個販毒集團的成員，在遭遇警方圍捕的過程中，為求脫身，趁機挾持了一位國會議員。

這個歹徒向警察宣稱自己的身上綁了炸藥，如果不聽他的指示，他就會跟議員同歸於盡。

警方不確定歹徒是不是真的像他宣稱的身上綁有炸藥，不過，警方知道這個販毒集團的成員中的確有爆破專家。為了人質的安全，只好答應歹徒的要求，派出一架直昇機將歹徒送往安全的地方。

這位國會議員一直遭到歹徒挾持，直到歹徒認為自己已經安全脫險了，才把議員釋放。

過了幾天，飽受驚嚇的議員回來了。據議員對警方說，挾持他的歹徒不但沒有炸藥，身上連槍都沒有，只有一把小刀而已。

就這樣，警方在訊息不足的情況下，讓一名歹徒逃逸無蹤。

如果，你不事先掌握充足的訊息，就算再有把握的事，到頭來也可能因此為判斷錯誤失敗。

在這個瞬息萬變的世界裡，沒有什麼是絕對不變的，這一分鐘的形勢，到了下一分鐘也許會產生天翻地覆的變化。

在這個時代，只有時時補充訊息，時時活用腦力，才能掌握形勢變化的關鍵，做出最好的因應對策。

邁向成功的過程就像一場戰爭，想要打贏這場戰爭，你就不能缺少最重要的彈藥——訊息。

培養自己的獨特價值

真正的價值是要靠時間累積的，只要你不放棄繼續努力，一點一滴地累積之後，你的價值總有一天會被發掘的！

人生的眞正意義是珍惜自己的價值，珍惜生活中的寶貴時光，珍惜生命中所有的美好，讓自己心靈感到富足。

不管生命多麼短暫，不管生活多麼忙碌，只要我們能掌握眼前的時光，隨時都可以用愉悅的心情展開自己的快樂人生。

在這個凡事要求速成的社會，人很容易變得眼光短淺，習慣斤斤計較。

如果你能不被「速度」迷惑，懂得在過程中尋找快樂，那麼，能得到的也許會更多，而且更有價值。

從前有兩個罐子，一個是陶製的，另一個是鐵製的。鐵罐認為，陶罐不像自己這麼堅固，輕輕一碰就會碎裂，所以總是一副很看不起陶罐的樣子。

陶罐當然知道鐵罐看不起自己，但是它並不在乎，因為陶罐知道，不管是陶罐還是鐵罐，裝東西才是它們的職責，所以對鐵罐的冷嘲熱諷總是裝做沒聽見，也不跟鐵罐計較。

有一天，突然發生了大地震，倒塌的房子將兩個罐子都掩埋起來。

就這樣過了幾個世紀，有一天，一群考古專家發現了房子倒塌的遺址，經過不斷地挖掘之後，終於在泥土裡挖出了陶罐。

陶罐的發現讓考古專家們非常興奮，經過仔細清潔整理之後，陶罐馬上成為價值連城的古董，放在博物館裡讓大家參觀；至於鐵罐，則生滿了鐵銹，成為一堆無用的廢鐵。

並不是所有東西的價值都是可以立刻顯示出來的，就例如電腦的發明。

剛開始時，第一代的電腦又大又笨重，根本沒有人會想到，日後的電腦居然會成爲日常生活的必需品，佔有舉足輕重的地位。

眞正的價值是要靠時間累積的，如果你覺得現在的自己很不得志，不要著急，也不用抱怨，而是應該努力提昇自己。

只要你不放棄，好好充實自己，一點一滴地累積實力之後，你的價值總有一天會被發掘的！

扮豬，是爲了吃掉老虎

真正的聰明人卻是深藏不露的，他們會將聰明才智運用在適當的地方，待時機成熟之後，再輕輕鬆鬆地檢收成果。

聰明的人思考靈活，而且反應迅速、吸收能力強，不管在任何場合都是個受歡迎的人物。但是，聰明的人雖然具備了各種優勢，卻不等於能夠獲得所有的好處，這又是什麼原因呢？

河豚的味道雖然鮮美無比，但是如果處理不好，就會使人中毒。

有一天，有幾個朋友在一起聚會，其中一個人說：「有一個朋友送給我一隻河豚，大家要不要吃吃看？」

雖然大家聽了口水直流，但是，卻沒有一個人敢自告奮勇率先嘗試。

經過幾分鐘的沉默之後，此時，忽然有一個人想出了一個可以讓大家安心品嚐河豚的好方法。他對大家說：「你們看，外面的街角，不是有一個蹲在路旁乞討的乞丐嗎？我們煮完之後，可以先拿一點河豚肉讓他嚐一嚐。如果他吃了沒事，我們就可以安心地吃了！」

大家聽完，覺得這真是一個聰明的好辦法。於是，他們用所有的河豚肉煮了一鍋湯，煮好之後，其中一人端了一碗給那個乞丐，對乞丐說：「我們煮了一鍋河豚湯，順便也請你吃一碗。」

乞丐道謝之後，便把湯接了過去。過了一會兒，其他人又悄悄地出來，探頭探腦看了看乞丐的情況之後，發現乞丐仍然平安無事，於是大家終於放下心來大快朵頤，高高興興地將一整鍋河豚給吃個精光了。

吃飽喝足之後，這幾個人很高興地出來問乞丐：「怎麼樣？剛才的河豚，味道真的不錯吧？」

乞丐反問大家：「你們全部都吃過了嗎？」

眾人回答：「全部吃完了！河豚的味道真是太棒了。」

乞丐說：「既然如此，那我就不客氣了。」說完，乞丐才安心地端起一直放在旁邊的那碗河豚湯。

大家都知道聰明人所擁有的優秀條件，所以會處處提防，「好康」的往往害怕讓他們知道，而責任卻總是喜歡推到他們身上，這就是「能者」爲何「多勞」的原因所在。

不過，眞正的聰明人卻是深藏不露的，他們會將聰明才智運用在適當的地方，待時機成熟之後，再輕輕鬆鬆地檢收成果。

比較起來，那些想盡辦法突顯自己「小聰明」的人，往往只會「聰明反被聰明誤」，到頭來，吃虧的還是自己。

越純眞，越不容易生存

父母必須花費更多的心思和時間，並且以身作則，用耐心和愛心教育，才能在充滿誘惑和陷阱的社會中，為孩子建造一個清新無污染的環境。

現實社會中總是充滿矛盾的，我們既要遵守規則，有時候卻又不得不鑽點小漏洞；既要循規蹈矩，偶爾還是不得已得耍些小奸小惡。

尤其是當必須順利達到自己的目的時，我們更不得不絆別人一腳，好讓自己可以走在別人前面。

有位父親正在教六歲的兒子玩跳棋，兒子的學習能力很強，雖然只是第一次玩，但是已經學會要將自己必須經過的路線鋪得很遠。

可是，不論他把路線鋪得多遠，由於不懂得如何阻擋父親的棋子，所以一連玩了好幾盤，還是沒有辦法贏過父親。

母親在一旁看著父子兩人下棋，看到兒子的情形，便忍不住對兒子說：「傻孩子！你不能只顧著走自己的路，也要想想辦法堵住爸爸的路，這樣你才有機會贏過爸爸啊！」

兒子聽了母親的話，迷惑地問：「為什麼要堵住別人的路呢？跳棋不是只要自己達到終點就可以了嗎？」

母親回答：「堵住別人的路，這樣你才能贏呀！」

兒子仍然不懂母親的話，天真地說：「跳棋比的不就是往前跳而已嗎？又不是比怎麼樣才能堵住別人的路。」

看著天真的兒子，這對父母不知道該不該告訴他這個道理：想要贏過對手，在努力鋪好自己的路之外，同時也要盡可能地堵住別人的路。

讓孩子保持純眞的心態長大是所有父母的希望，可是在環境日趨複雜的現在，純眞的心態和想法，有時候反而會使小孩受到傷害。

因此，父母必須花費更多的心思和時間，並且以身作則，用耐心和愛心教育孩子，才能在充滿誘惑和陷阱的社會中，爲孩子建造一個清新無污染的環境。

生活良品

30

自信的你，一定能改寫自己的命運

作　　者　黛　恩
社　　長　陳維都
藝術總監　黃聖文
編輯總監　王　凌
出 版 者　普天出版家族有限公司
新北市汐止區忠二街 6 巷 15 號
TEL / (02) 26435033 (代表號)
FAX / (02) 26486465
E-mail：asia.books@msa.hinet.net
http://www.popu.com.tw/
郵政劃撥 19091443 陳維都帳戶
總 經 銷　旭昇圖書有限公司
新北市中和區中山路二段 352 號 2F
TEL / (02) 22451480 (代表號)
FAX / (02) 22451479
E-mail：s1686688@ms31.hinet.net
法律顧問　西華律師事務所・黃憲男律師
電腦排版　巨新電腦排版有限公司
印製裝訂　久裕印刷事業有限公司
出 版 日　2021 (民 110) 年 5 月第 1 版
I S B N◎978-986-389-774-3　條碼 9789863897743

國家圖書館出版品預行編目資料

自信的你，一定能改寫自己的命運／
黛恩著.—第 1 版.—：新北市,普天出版
民 110.5 面；公分. - (生活良品；30)
I S B N◎978-986-389-774-3 (平裝)

普 天 之 下 ・ 盡 是 好 書

普天出版家族
Popular Press Family

淩雲 A-Plus Creative Company 文創